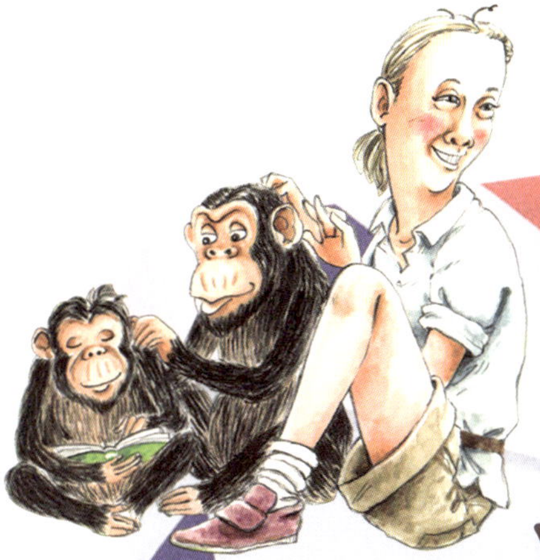

필립 체스터필드의 딸을 위한 인생편지

내 딸아, 너는 세상을 이렇게 살아라

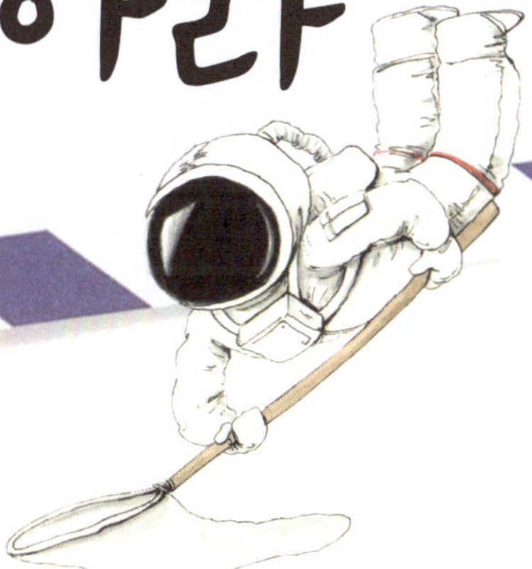

필립 체스터필드 지음 | 조영경 편저 | 박선미 그림

채운어린이

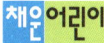

| 머리말 |

내 딸아, 너만의 가치관을 지녀라

　네가 태어나던 그 날을 아빠는 결코 잊을 수 없단다. 한없이 여리게만 보여서 어떻게 안아 주어야 할지, 어떻게 달래야 할지 모든 것이 서툴기만 했지. 이제 와 생각해 보면 별것 아닐 수도 있지만, 그때는 아빠 입장에서 딸과 어떻게 놀아 주어야 하는지도 꽤 심각한 고민거리였단다. 왠지 딸은 자동차나 로봇, 총, 칼 같은 장난감은 안 좋아할 거라고 생각했거든. 그렇게 몇 년을 지내고 보니 모든 것이 쓸데없는 걱정이었더구나. 딸이든, 아들이든 사랑으로 대하면 되는 것을 말이야.

　그렇지만 한편으로는 딸이기 때문에 아빠로서 해 줄 말이 많단다. 사회 생활을 하면서 남자 입장에서 여자들의 아쉬운 부분을 보면서 '내 딸은 이런 점은 더 키우고 이런 점은 고쳤으면 좋겠다.' 하는 것들을 글로 엮었다.

　세상의 반이 여자라고 하지. 그럼에도 불구하고 예전에는 남자가 여자들을 이끄는 경우가 많았다.

하지만 지금은 어느 분야에서는 오히려 여자가 남자들을 이끌고 있단다. 그만큼 남녀차별이 개선되었고 여자들의 실력도 눈부시게 발전했다고 볼 수 있지. 엄마 세대가 여자들끼리 경쟁하는 경우가 많았다면, 이제 너는 남녀 구분 없이 한 인간으로서 사회에서 경쟁하고 성장해야 할 것이다.

이 책은 네가 지금부터 갖추어 나가야 할 것들에 대해 이야기하고 있다. 그리고 그러한 것들을 갖춘 여성 위인들의 이야기도 함께 실었다. 여자이기 때문에 특별하기도 하고, 또는 성별과는 상관없이 꿈을 이루고 자신의 삶을 개척해간 사람들의 이야기란다.

내 딸아, 아빠 눈에는 한없이 사랑스럽기만 한 네가 친구들에게도, 학교에서도, 나아가 사회에서도 사랑받는 사람이 되었으면 좋겠다. 그렇게 성장하기 위해 많은 지식을 쌓고 아빠와 많은 대화를 나누었으면 한다.

사랑하는 딸에게
아빠가

| 차 례 |

제1장 아빠, 몸과 마음을 어떻게 컨트롤해야 하나요?

1; 네가 가진 것을 사랑하렴 • 12
2; 파도를 헤쳐나가는 힘을 길러야 넓은 바다에 이를 수 있단다 • 16
3; 강인한 마음이 있으면 외모는 더욱 주목받는다 • 20
4; 벌써부터 편견에 주저앉지 마라 • 24
5; 희망을 가지고 있으면 세상은 네 편이란다 • 28
6; 지금 미운오리새끼라고 슬퍼하지 마렴. 넌 백조가 될 거란다 • 32
7; 슬럼프는 스스로 이겨내야 할 짐이란다 • 36

제2장 아빠, 세상에 당당하게 서려면 어떻게 해야 하나요?

1; 목표를 정하는 것은 바로 너란다 • 42
2; 무슨 일이든 제대로, 최선을 다하면 천재가 된다 • 46
3; 불의에 맞설 수 있는 능력을 키워라 • 50
4; 모든 사람이 지금까지 그랬다고 너까지 그럴 필요는 없다 • 54
5; 좋은 친구를 사귀는 것도 중요하다 • 58
6; 집안 일을 우습게 알면 우스운 사람이 된다 • 62
7; 꿈꿔라, 쉬지 말고 꿈을 꿔라 • 66
8; 길은 가는 사람이 만드는 것이다 • 70

제3장 아빠, 여자로서 리더가 되려면 어떻게 해야 하나요?

1; 여자라서 불가능한 일은 없단다 • 76
2; 눈물은 너를 약하게 보이게 한다 • 80
3; 모험을 하면 용기가 생긴다 • 84
4; 가진 것이 없어도 행동하면 성공한다 • 88
5; 때로는 위협보다 관용의 힘이 더 세단다 • 92
6; 돈은 어떻게 쓰느냐가 더 중요하다 • 96
7; 토론을 즐길 줄 알아라 • 100

제4장 아빠, 세상을 가슴에 품고 싶어요

1; 내가 아닌 남을 위한 마음도 가지렴 • 106
2; 모두 함께 잘 살고자 하면 지구를 살릴 수 있단다 • 110
3; 나눔을 실천하렴 • 114

| 제1장 |

아빠, 몸과 마음을 어떻게 컨트롤해야 하나요?

1; 네가 가진 것을 사랑하렴

에이미 멀린스
1976~

에이미 멀린스는 병으로 인해 무릎 아래를 절단하는 수술을 받았지. 그리고 다리 근육을 단련하기 위해 어렸을 때부터 병원에 다녔어. 고무밴드를 이용한 훈련이었는데, 다섯 살 에이미에게는 너무나 고통스러운 일이었단다.

짜증을 내는 에이미에게 의사 선생님이 말했지.

"오, 에이미는 정말 튼튼하고 강하구나. 고무밴드 하나쯤은 끊어 버릴 수 있을 것 같은데? 진짜 끊어 버리면 100달러를 주마."

물론 재활 훈련을 시키려고 약간의 꾀를 낸 것이었어. 하지만 덕분에 에이미는 매일 반복되는 고통스러운 훈련을 재미있게 소화할 수 있었어. 가끔 100달러를 따기도 했지.

에이미는 '튼튼하고 강한 소녀'라는 의사의 말에 많은 영향을 받았어. 처음에는 '정말 그럴까?' 하고 생각했지만, 어른이 된 에이미는 튼튼하고 강한 육상 선수가 되었단다. 장애인 올림픽에 미국 대표로 출

전해 100미터 달리기와 멀리뛰기에서 우수한 성적을 거두었지.

지금 에이미는 더 많은 일을 하고 있단다. 책도 쓰고 강연도 하고, 패션모델과 영화배우로도 활동하고 있지. 별명처럼 에이미는 '원더우먼'이란다.

장애에 대한 편견을 바꾸고 장애인에게 희망을 주는 인물로, 에이미는 미국 잡지 〈피플〉이 선정한 '아름다운 여성 50인'에 오르기도 했단다.

에이미 같은 장애를 가지고 있다면 의족을 달고 걷는 것만으로도 멋지다고 할 수 있을 거야. 그런데 에이미에게는 숨겨진 것들이 많단다. 걷는 것은 물론 빠르게 달릴 수도 있고 멋진 포즈를 취할 수도 있고 글을 쓰고 강연을 할 수도 있지. 에이미가 자신의 숨은 능력을 이끌어내지 못했다면 약한 사람으로 남았을지도 모르겠구나.

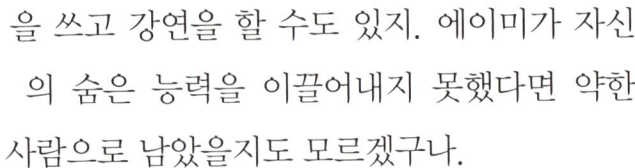

아인슈타인이 사망한 후, 코넬대에서 그의 두뇌를 연구했다고 해. 놀랍게도 이 위대한 천재조차 자신의 정신적 잠재력 중 15% 정도밖에 사용하지 않았다고 해.

보통 사람은 1~2% 정도밖에 사용하지 않고 산다는구나. 얼마나 아까운 일이냐. 만약 우리가 잠재 능력의 10%만 사용해도 엄청난 꿈들을 실현할 수 있을 것이다.

그렇다면 잠재력을 개발하기 위해 무엇을 해야 할까? 지능은 계속 개발시킬 수 있다고 한다. 운동을 하면 근육을 발달시키듯이, 인간은 배우면 배울수록 더 많이, 더 효과적으로 배울 수 있는 능력을 가지게 된단다.

아무리 잠재력이 뛰어나다고 해도 끄집어내지 않으면 아무 소용이 없지. 교육을 받는 것도 잠재력과 관련이 있단다.

'교육하다'는 뜻인 'educate'는 'educe'에서 비롯되었어. 안에 있는 것을 꺼내는 것, 다시 말해 잠재력을 끌어내는 것이지.

내 딸아, 네가 가진 것들을 살펴보렴. 네게는 없는, 다른 사람이 가진 것을 탐하지 마렴. 누군가는 네가 가진 것을 탐하고 있을 거란다.

아빠 눈에는 많은 것을 가지고 있는 네가 다른 사람을 부러워할 때면 정말 안타깝단다.

네가 가지고 있는 잠재력을 알지 못하고 지금 아무런 노력도 하지 않는다면 너는 그저 평범한 사람에 지나지 않을 거야.

다른 사람을 부러워하거나 시기하지 말고 네 안에 숨은 다이아몬드를 찾기 위해 애쓰렴. 남의 다이아몬드는 아무리 부러워한들 네 것이 되지 않는단다.

2. 파도를 헤쳐나가는 힘을 길러야 넓은 바다에 이를 수 있단다

프리다 칼로
1907~1954

멕시코에서 태어난 프리다 칼로는 여섯 살 때 소아마비를 앓아 오른쪽 다리가 불편했단다. 몸은 불편했지만 프리다는 아주 똑똑했어. 멕시코 최고 명문인 국립예비학교에 합격했거든. 2천 명의 신입생 중 여학생은 단 30명뿐이었지.

프리다는 의사가 되고 싶었어. 하지만 열여덟 살 때 큰 교통사고를 당했어. 의사는 살아 있는 것만도 기적이라고 했어. 다시는 걸을 수 없을 거라고 했지.

프리다는 깁스를 하고 침대에 누워 있었어. 두 손만 자유롭게 움직일 수 있어서 그림을 그리기 시작했지. 그리고 여러 번의 수술 끝에 다행히 걸을 수 있게 되었고, '디에고'라는 청년과 사랑에 빠졌단다.

그렇지만 불행은 계속되었어. 건강이 악화되어 오른쪽 다리를 잘라내야 했고, 하루의 대부분을 누워 지내야 했지.

프리다는 아프지 않은 날이 없었어. 하지만 그림은 포기하지 않았

단다. 1953년에 첫 개인전을 열었어. 그리고 이듬해 세상을 떠났지만 그녀의 작품은 멕시코 국보로 지정되었단다.

프리다는 불행한 현실과 신체적 장애에도 불구하고 누구보다 불꽃 같은 삶을 살다가 간 여성이란다.

사람들은 그녀를 '폭탄에 매어 놓은 리본 같은 여자'라고 했어. 언제 터질지 모르는 위험을 안고 있지만, 겉으로는 리본처럼 부드럽고 아름다운 여자라는 뜻이지.

평생 30여 차례 수술을 받은 프리다는 그 고통스럽고 절망적인 체험을 초현실주의의 강한 화풍으로 승화시켰어. 1970년대 페미니즘 운동(여성이 억압당하는 원인과 상태를 알고 여성 해방을 목표로 하는 운동)이 일어나면서 세상 사람들은 프리다의 그림에 주목했단다.

프리다는 늘 멕시코 전통 의상과 액세서리를 착용했어. 그러면서도 사회 관습에는 완강하게 저항했기 때문에 페미니스트들에게는 20세기 여성의 우상으로 받아들여지기도 한단다.

내 딸아, 지금 어렵고 힘든 일을 겪고 있다면 좌절하지 말고 더욱 힘을 내렴. 신은 견딜 수 있는 고통만 준다고 해. 그리고 그 고통 끝에는 한층 더 성장한 모습, 혹은 그보다 더 큰 특별함을 주기도 하지.

넓은 바다를 차지하려면 파도를 넘어야 한다.

파도를 이겨내는 힘은 어느 날 갑자기 생기는 것이 아니란다. 수영을 해 봤니? 처음에는 10미터 가기도 힘들지만 자꾸자꾸 연습하다 보면 50미터도, 100미터도 갈 수 있게 된단다. 요령이 생기고 체력도 좋아지기 때문이지.

지금부터 스스로 네 일을 헤쳐나가야 할 것이다. 시련을 극복하고 성공한 사람들의 이야기를 듣거나 책으로 읽는 것도 도움이 될 거야.

모든 일이 네 뜻대로만 되지는 않을 것이다. 그럴 때마다 좌절하거나 상황을 탓하기보다는 그 때의 감정과 느낌을 성장할 수 있는 계기로 삼으렴.

사람은 살다 보면 누구나 역경을 만나게 된단다. 힘든 일이 없었으면 좋겠다 싶겠지만, 또 그게 그렇지만도 않단다.

드라마를 봐도 주인공들이 아무런 사건사고 없이 잘 살면 재미있더냐? 사건이 생기고 사고가 일어나고 갈등도 있지. 등장인물들이 그 상황을 지혜롭게 헤쳐나가는 과정이 드라마의 재미 아니더냐.

3; 강인한 마음이 있으면 외모는 더욱 주목받는다

와리스 디리
1965~

와리스 디리는 소말리아의 유목민 딸로 태어났어. 걸음마와 동시에 장작을 줍고 염소를 돌보고 물을 길어야 했지. 여느 유목민의 딸들이 모두 그랬듯이 온갖 힘든 일을 해야 했단다.

그러던 어느 날이었어.

"우와~! 엄마, 오늘은 밥을 왜 이렇게 많이 줘?"

"오늘은 우리 와리스가 어른이 되는 날이니까."

와리스는 엄마의 목소리가 떨리는 것을 눈치채지 못했어. 다만 밥을 배불리 먹을 수 있다는 것에 기분이 좋았지.

그 날 밤, 와리스는 여성의 성기를 절제하는 여성 할례를 받았단다. 와리스의 엄마, 언니들이 그랬던 것처럼 말이야. 그 고통은 이루 말로 다할 수 없었지.

열네 살이 된 와리스는 또다시 청천벽력 같은 소리를 들어야 했어. 낙타 다섯 마리에 육십 먹은 영감의 신부로 팔려간다는 것이었어.

'나가자! 여기서 이렇게 살 수는 없어!'

와리스는 영국으로 건너가 패스트푸드점에서 일했어. 그 곳에서 사진 작가에게 발탁되어 모델이 되었단다.

지금 와리스는 유명한 슈퍼모델이야. 그리고 '데저트 플라워'라는 재단을 설립해서 여성 할례 피해자를 위해 일하고 있어. 자신의 비밀을 세상에 고백해 할례 문제를 세계적인 인권 이슈로 만들어내었고, 유엔 인권특별대사로까지 임명되었단다.

슈퍼모델 하면 외모는 말할 것도 없이 아름다울 것이다. 하지만 와리스가 단지 외모만으로 주목을 받는 것일까?

외모는 화장을 하고 액세서리를 해서 꾸미는 것이 다가 아니란다. 그러한 아름다움은 오래 가지 못하지. 그러나 내면의 아름다움은 쉽게 잊혀지지 않는단다.

아마 너도 외모에 관심이 많을 것이다. 그것을 탓하는 것은 아니야. 하지만 연예인이나 잡지 모델을 그대로 따라 하는 아름다움이라면 아빠는 반대다.

패스트푸드점에서 일하던 와리스가 사진 작가의 눈에 띄어 모델이 된 것은 분명 외모 때문이었을 것이다. 그러나 그녀를 더욱 아름답게 만든 것은 그녀가 지닌 강한 마음 때문이었어.

많은 여성들이 더 이상 고통받지 않기를 바라며 자신에게는 수치스

러울 수 있는 아픔을 드러냈으니 말이다.

어쩌면 사람들은 그녀의 용기에 감명받아 그녀를 최고의 슈퍼모델로 부르는 건지도 모르겠다.

외모를 잘 가꾸어 아름다운 여성도 있지만 자기 일을 똑부러지게 하는 여성이 진정 아름답단다.

자신의 일을 야무지고 똑똑하게 하는 여성을 보면 눈에서 광채가 나고 얼굴에 생기가 돈단다. 매사에 자신감이 넘치니 아름다워 보이지 않을 수 없겠지.

내 딸아, 절대로 껍데기만 치장하지 마라. 껍데기는 언젠가 벗겨지고 말 것이다.

외모가 경쟁력이라고 할 만큼 여성들의 마음을 사로잡지만, 외모만큼 네 일도 똑똑하게 하면 더욱 아름다운 여성미를 보일 수 있단다.

4; 벌써부터 편견에 주저앉지 마라

이사도라 던컨
1878~1927

이사도라는 아주 어렸을 때부터 아이들에게 춤을 가르쳤단다. 겨우 여섯 살 때 말이야.

이사도라의 학원은 아주 특별했어. 당시 다른 무용 학원은 대부분 발레를 가르쳤지. 하지만 이사도라의 학원은 정해진 동작도 없이 음악이나 시를 듣고 느끼는 대로 자신의 몸을 움직여 표현하는 곳이었어.

물론 이사도라도 맨 처음 춤을 배울 때는 발레 선생님을 찾아갔지. 이사도라는 음악이 나오자 자기 느낌대로 춤을 추었어. 발레 선생님은 혀를 찼지.

"어쩌면 발레의 기본을 하나도 모르니? 발끝으로 설 수는 있니?"

"왜 그렇게 서야 해요?"

"발끝으로 서면 아름다우니까."

"별로예요. 사람이든 동물이든 발끝으로 서서 다니지는 않아요. 발끝으로 서는 것은 자연스럽지 않아요."

결국 이사도라는 발레를 그만두었어.

"나는 억지로 꿰어맞추는 춤은 안 출 거야. 정해진 규칙대로 움직이는 것은 춤이 아니라 체조야."

이사도라는 그 후에도 자신의 느낌을 몸으로 표현했어. 토슈즈를 벗고 다른 무용수들이 입는, 몸을 꼭 조이는 무용복을 입지 않았어. 때로는 맨살이 드러나는 옷을 입기도 했지.

사람들은 지금까지와는 전혀 다른 옷차림과 전혀 다른 춤을 추는 이사도라를 손가락질했어. 하지만 얼마 지나지 않아 자유로운 그녀의 춤에 푹 빠져들었지. 여신처럼 떠받들고, 숙소로 돌아가는 마차에서 말을 떼어내고 자신들이 말이 되어 마차를 끌 정도였단다.

편견이 두려운 이유는 매사를 부정적으로 바라보기 때문이란다.

가장 대표적인 편견은 '여자는 약하다'일 것이다. 특히 요즘 같은 세상에 여자를 약한 존재로만 알다가는 큰코다치기 십상일 것이다. 사법고시 등 각종 국가고시에 합격하는 여성이 남성을 앞질렀고, 여성 CEO나 임원도 날로 늘어가고 있으니 말이다.

스스로 '아마 그럴 것이다'라는 편견에 사로잡혀 있으면 발전을 하지 못한단다.

이사도라가 대단한 이유는 단순히 춤을 잘 추어서가 아니란다. 춤은 '발끝으로 서서 단정한 무용복을 입고 추는 것'이라는 편견을 깨고 다양한 춤의 세계를 사람들에게 선보였기 때문이지.

내 딸아, 같은 현상이라도 다양한 관점에서 보렴. 나무를 그릴 때 다른 사람들은 앞에서 보는 것을 그린다면 너는 아래에서 위를 보거나, 보다 입체적으로 보는 방법을 택하란 말이다.

편견에서 벗어나 호기심을 가지고 왜 그런지를 생각하고 끊임없이 의심해라. 그렇게 생각의 방법과 폭을 넓히면 편견에 휩싸이지 않고 발상의 전환을 이룰 수 있단다.

편견에 휩싸여 있으면 새로운 도전을 할 수 없단다. **새로운 것을 요구하는 사회에서 자신의 능력을 마음껏 펼쳐 보이려면 남들이 하지 못하는 발상의 전환이 있어야 한다.**

자유롭게 생각하렴. 편견에 사로잡히지 말고 끊임없이 의심하고 실험하며 도전하렴. 그래야 최고가 될 수 있다.

물론 무슨 일이든 최고가 되어야만 하는 것은 아니야. 하지만 편견처럼 자신을 '생각의 감옥'에 가두는 어리석은 짓은 하지 마렴.

5. 희망을 가지고 있으면 세상은 네 편이란다

루스 시몬스
1945~

루스 시몬스는 가난한 집의 12남매 중 막내로 태어났어. 게다가 당시는 인종차별이 심해서 흑인은 공원이나 영화관도 함부로 갈 수 없었어. 이래저래 살기 힘든 때였단다.

하루는 루스가 선생님한테 물었어.

"선생님, 우리 부모님은 매일 새벽부터 밤늦게까지 일하는데, 우리 집 형편은 여전히 어려워요."

그러자 선생님이 따뜻하게 위로해 주며 말했어.

"부모님이 고생하시는 모습을 보고 마음이 아픈 모양이구나. 루스가 열심히 공부해 훌륭한 사람이 되면 부모님께 도움이 될 거야."

선생님의 말에 루스는 열심히 공부해서 대학에 진학했어. 아르바이트를 하고 장학금을 받으며 최선을 다해 공부했지.

대학교 3학년 때 루스는 프랑스어를 공부했어. 그런데 수업을 프랑스어로만 하니 도통 무슨 말인지 모르겠는 거야. 그래서 용기를 내어

교수를 찾아가 수업 내용을 하나도 이해하지 못하겠다고 말했어. 어렵게 말을 꺼낸 루스에게 교수가 빙긋 웃으며 말했어.

"괜찮네. 당장은 몰라도 언젠가는 귀가 트일 날이 올 거야."

루스는 잠시 포기할까도 생각했지만 이내 고개를 저었지.

'아니야! 프랑스어를 포기하면 내 꿈을 포기하는 것과 같아. 다들 하는데 나라고 왜 못해? 해 보자!'

루스는 강의를 열심히 들었어. 잘 몰라도 교수 말대로 그냥 듣고 있었지. 그런데 정말 기적 같은 일이 일어난 거야. 프랑스어가 귀에 들어오기 시작했거든.

1년 뒤, 루스는 수석으로 졸업했어. 그리고 하버드대에서 언어학 박사 학위를 받고 프랑스어 교수를 지내기도 했단다. 그 뒤 루스는 미국 최초로 여자공과대학을 설립하고, 2000년에는 미국 최고의 명문 대학인 브라운대의 총장이 되었단다.

텍사스 빈민촌 흑인 소녀가 하버드대 박사가 된다는 것은 상상조차 할 수 없던 시절이야. 그런데 대학교에 합격하자 선생님들이 도와 주었고, 루스는 대학을 마치고 하버드 대학에서 문학박사 학위를 받았단다. 루스가 가지고 있었던 것은 자신이 열심히만 노력하면 어떻게든 될 수 있다는 '희망'이었어.

사람은 누구나 살아가면서 시련을 맞기 마련이란다. 아직 어린 너에게도 엄마 아빠 모르는 시련이 있었을 거야.

그런데 시련이라는 것이 어떤 사람에게는 긍정적으로 작용하고, 또 어떤 사람에게는 부정적으로 작용한단다.

성적이 떨어지고 친구와 싸운 것에 계속 짜증을 내는 사람이 있는가 하면, 성적이 떨어진 것을 계기로 공부를 더욱 열심히 하는 사람도 있지.

내 딸아, 아빠는 네가 긍정적인 사람이 되었으면 한다. 루스 총장의 경우 온통 시련 투성이였지. 가난에 인종차별에 말이야. 하지만 루스는 긍정적이고 적극적이었단다.

그렇게 긍정적이고 적극적인 생각을 가지면 시련은 피하고 싶은 존재가 아니라 보다 나은 길로 가는 징검다리가 될 수 있단다.

6. 지금 미운오리새끼라고 슬퍼하지 마렴. 넌 백조가 될 거란다

인순이
1957~

가수 '인순이'는 한국인 엄마와 미국 흑인 아빠 사이에서 태어났어.

차별과 소외를 겪으며 자란 인순이는 중학교를 졸업하고 가정형편이 어려워 고등학교에 진학하지 못했어. 그녀에게는 오직 노래만이 삶의 희망이었지.

인순이는 '희자매'라는 여성 트리오로 데뷔해 얼굴을 알렸어. 하지만 대학 가요제 출신 가수들이 나오면서 점점 설 자리를 잃었지.

인순이는 점점 자격지심에 빠졌어. 노래를 부를 만한 곳은 점점 사라졌고, 혼혈아에 대한 편견의 벽은 정말 높기만 했지. 그렇다고 인순이는 그대로 주저앉지 않았어.

"언젠가는 내 실력을 알아 줄 날이 반드시 올 거야!"

인순이는 자신만의 밴드를 만들고 무용팀을 만들어 쉬지 않고 노래했어. 콘서트도 하고 다른 장르의 음악도 열심히 공부했지.

그러던 차에 음악 공개 방송이 신설되면서 인순이의 진가가 발휘되

기 시작했단다.

 사람들은 폭발적인 그녀의 가창력에 열광했고, 인기는 하늘 높이 치솟았어. 마침내 인순이는 미국 카네기홀에서 공연도 하는, 대한민국의 대표 가수가 되었단다.

 지금 네 모습을 보면 초라해 보일지도 모르겠다. 어떻게 보면 그게 정상이란다.

 아빠는 네가 지금의 모습을 진짜 네 모습이라고 단정짓고 모든 걸 포기할까 봐 그것이 걱정이다. 아직 너는 단단한 껍질에 싸여 있는 씨앗, 또는 아직 껍질을 깨지 못한 어여쁜 새인데 말이다.

 만약 네 앞길에 '절망'이라는 벽이 가로막고 있더라도 절대로 포기하지 마라. 돌아가든 넘어가든 뚫고 나가거라. 물론 그것은 아주 힘든 일일 것이야. 포기하고 싶기도 하겠지.

 하지만 새가 알을 깨고 나오는 것이 쉽겠느냐. 애벌레가 번데기를 거쳐 나비로 태어나는 모습을 너도 본 적이 있을 거야. 아주 느리고 힘들지만 그렇게 몇 시간이 지나면 못생긴 번데기가 화려한 나비가 되어 날아오른단다.

 어깨를 펴라. 그리고 당당해지렴. 내면이 충실하면 자신감은 저절로 드러나게 된단다. 자신의 실력을 갈고 닦지 않고 겉만 번지르르한 것은 임시방편밖에 안 된단다.

자신감을 얻으려면 꿈과 목표가 분명해야 해. 인순이가 초라하게 생각했던 외모나 가정환경, 학력 등을 모두 물리칠 수 있었던 것은 반드시 노래로 성공하겠다는 꿈 때문이었어.

성적이 엉망이냐? 외모가 예쁘지 않니? 그건 지금의 일이란다. 앞으로 네가 노력을 하면 성적도 오를 수 있고 외모도 예뻐질 수 있다.

무슨 일이든 본인 하기 나름이란다. '하기 나름' 이라는 말은 다시 말하면 '하지 않으면 안 된다' 는 말이기도 하단다.

다른 사람과 비교하지 마렴. 자기 자신을 사랑하고 스스로에게 많은 점수를 준다면 자신감을 키우는 데 도움이 될 거야. 다른 사람들 앞에 나서기를 주저하면 스스로를 초라하게 만들 뿐이란다.

내 딸아, 지금 초라하다고 슬퍼하지 마렴. 넌 곧 백조가 될 미운오리새끼이니까.

7. 슬럼프는 스스로 이겨내야 할 짐이란다

박지은
1983~

박지은은 한국 여성 최초 프로바둑기사 9단이란다. 열한 살 때 우연히 부모님이 바둑 두는 모습을 보고 재미있어서 시작했지.

"이게 내가 해야 할 일이야. 평생 바둑만 두고 살았으면 좋겠어."

박지은은 열두 살 때 프로 입단 시험을 준비했단다. 학교가 끝나면 바로 바둑교실에 가 밤늦게까지 준비했지.

그런데 학교를 다니면서 바둑을 두다 보니까 힘들어서 학업을 중단했어. 마침내 열네 살 때 프로바둑기사가 될 수 있었지. 열여섯 살 때 조훈현 9단을 이길 정도로 실력이 뛰어났어.

스무 살 때는 주장이 되어 세계 대회에 출전했단다. 자신감으로 가득 차 있었지. 그런데 마지막에 실수를 하고 말았어. 그 후 경기는 꼬이고 자신감은 사라지고 말았단다. 결국 슬럼프에 빠지고 말았어.

'이렇게 쓰러지고 마는 거야? 내가 그렇게 좋아하던 바둑인데, 여

기서 포기할 순 없어!'

박지은은 다시 열두 살 때로 돌아갔단다. 다른 초보 연구생과 똑같이 아침부터 저녁까지 바둑을 연구하고 공부했지. 그렇게 1년을 보내고 나니 다시 국가대표가 되었고 세계 대회에서 우승도 할 수 있었어.

박지은은 긍정의 힘을 바탕으로 자신이 재미있어하는 바둑을 더 즐겁게 두려고 좋은 것만 생각했단다.

사람에게는 신체 리듬이라는 것이 있단다. 그래서 같은 일이라도 컨디션에 따라 다른 결과를 낳기도 하지. 심하면 슬럼프에 빠지기도 한단다.

때로는 지나친 자신감이 스스로를 슬럼프에 빠뜨리기도 해. 한두 번의 실수는 우연일 경우가 있지만 경고일 수도 있단다. 네게 슬럼프가 오고 있다는 경고를 간과하면 정말 슬럼프에 빠질 수 있어.

슬럼프에 빠지는 그 자체가 문제가 아니란다. 문제는 얼마나 빨리 지혜롭게 슬럼프에서 빠져나오느냐란다. 자존심을 버리지 못하고 버티거나, 반대로 너무 깊은 수렁에 빠져 헤어나오지 못할 수도 있단다.

박지은 기사처럼 초심으로 돌아가는 것도 좋은 방법일 수 있고, 한 발 뒤로 물러나 쉬는 것도 방법일 수 있겠지.

다만 아빠는 단순한 슬럼프를 네 한계라고 생각하고 지레 포기할까 봐 그것이 걱정이구나.

여성은 남성에 비해 감성적이란다. 작은 일에도 감정이 흔들리기 쉬운 것은 어쩔 수 없는 일이야.

그렇다고 불리하다고 생각하지 마렴. 감정에 흔들리기 쉽다는 말은 슬럼프에 빠지기도 쉽지만 반대로 벗어나기도 쉽다는 말이니까. 작은 일에도 기쁨을 얻고 희망을 얻는 것 또한 여성의 장점이란다.

만약 네가 생리를 시작했다면 생리 주기에 따라 기분이 달라지기도 해. 이것은 아주 작은 슬럼프가 될 수도 있겠다. 하지만 이것 역시 약간의 휴식과 여유만 있으면 괜찮을 것이다. 너도 엄마처럼 감정을 조절하는 방법을 스스로 터득해 나갈 테니까 말이야.

자기 자신은 자신이 제일 잘 알겠지. 따라서 스스로 컨트롤하지 않으면 안 된다. 부모님이나 친구가 조언을 해 준다고 해도 자신이 직접 실천하지 않으면 아무 소용이 없으니까.

| 제 2 장 |

아빠, 세상에 당당하게 서려면 어떻게 해야 하나요?

1. 목표를 정하는 것은 바로 너란다

샐리 라이드(1951~현재)는 어려서부터 운동을 좋아했어. 특히 테니스는 선수를 할 정도로 잘했지. 게다가 공부도 잘했는데 특히 과학을 잘했어. 그러다 보니 샐리는 자신이 무엇을 해야 할지 잘 몰랐어. 테니스 선수를 계속할지, 아니면 공부를 계속할지 말이야.

그 때 마침 NASA(미국항공우주국)에서 인간을 처음으로 달에 착륙시키고, 다음 우주 여행에 참가할 비행사를 찾고 있었어.

여자 우주 비행사도 선발할 것이라는 발표를 듣고 샐리는 당장 NASA로 달려갔어. 그리고 지원자 8천 명 가운데 당당히 여자 우주 비행사로 선발되었지. 물론 그 전에도 여자 우주 비행사는 있었어. 세계 최초 여자 우주 비행사는 옛 소련의 '테레슈코바'란다.

샐리는 2년 동안 우주 비행을 위한 고된 훈련도 받고, 우주에 있는 인공위성들을 배치하고 회수하는 데 사용하는 원격 장치를 설계하기도 했어. NASA 연구원들은 샐리가 남자 우주 비행사들보다 우수함을 알고 놀랐단다.

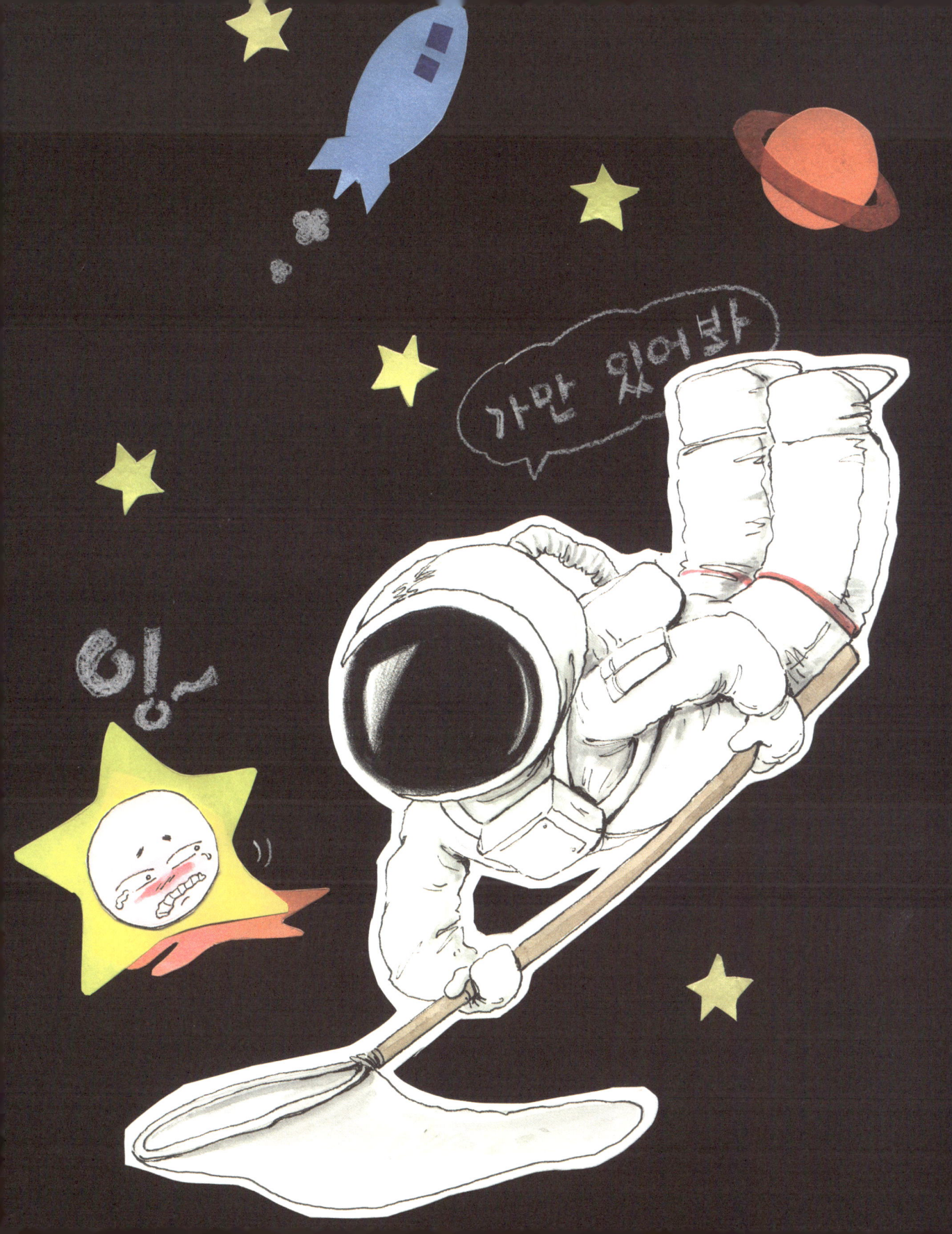

1983년 샐리는 미국 여성으로는 최초로 우주 왕복선 챌린저 호를 타고 우주로 날아갔지. 이듬 해에도 다시 우주 여행을 다녀왔어. 그 후 샐리는 NASA에서 근무하고 대학에서 물리학 교수로 일했단다.

샐리에게는 늘 아빠의 격려가 있었어.
"애야, 꿈은 크게 가져야 하는 거야. 하늘의 별을 따겠다는 마음으로 말이야."
그래서일까? 샐리는 정말 하늘의 별 가까이 다가간 미국 최초의 여성이 되었어. 사람은 신기하게도 자신이 마음먹은 바에 가깝게 살게 된단다. 내가 무슨 일을 해야지, 어떠한 목표를 이루어야지 하고 마음먹으면 100%는 아니더라도 그 가까이는 가게 된단다. 물론 100% 이상을 이루기도 하지.
목표가 있는 사람은 험난한 길도 거침없이 헤쳐나가고, 목표가 없는 사람은 아주 평탄한 길도 앞으로 나가지 못한다고 했다.
영국의 사상가 '토마스 카알라일'의 말이야. 목표가 분명하지 않으면 강한 실천력을 발휘할 수 없기 때문이란다.

내 딸아, 목표를 정할 때만큼은 욕심을 부리렴. '여자이기 때문에' 혹은 '지금 상황이 안 되니까' 미리 한계선을 긋지 말라는 얘기다.
목표를 정했다면 너무 성급하게 결정을 짓지는 마라. 샐리는 테니스 선수가 될 거라고 생각했지만 미국 최초의 여성 우주인이 되었어.

만약 샐리가 테니스 선수에서 멈췄다면, 우주인이 되기 위해 새롭게 도전하고 우주를 탐험할 수 있는 자신의 능력을 채 발휘하지 못했을 것이다.

단, 목표를 세울 때는 네 능력 범위 안에서 세워야 한다. 꿈을 크게 가지라면서 목표는 능력 범위 안에서 세우라니, 이게 무슨 말인가 싶지?

목표를 세우는 것만큼 네 능력을 키우는 것이 중요하다는 말이다. 목표를 세우고 그에 만족할 능력을 키우면 너는 더 큰 꿈에 도전할 수 있을 것이다.

능력은 그대로인데 꿈만 자꾸 커진다면 네 꿈은 허황된 욕심에 지나지 않을 거야.

그러니 네가 최선을 다해 성실하게 네 꿈을 이루어나갈 수 있는 정도, 그것을 목표라고 할 수 있겠다. 그러니 목표를 세웠으면 확실하게 해야겠지. 해내지 못할 목표는 있으나마나한 것이다.

2; 무슨 일이든 제대로, 최선을 다하면 천재가 된다

트와일라 타프
1941~

트와일라 타프의 엄마는 교육열이 대단했어. 두 살 때 피아노를 가르치고 이어서 바이올린과 무용을 배우게 했단다.

하지만 열다섯 살쯤 되었을 때 트와일라는 완벽주의에 가까운 엄마가 부담이 되기 시작했어. 그래서 피아노와 무용 연습을 게을리했어. 그 때 엄마가 이런 말을 했단다.

"인생을 두 번 사는 사람은 없어. 그래서 누구나 미지의 세계를 탐험하듯 조심스럽게 가야 해. 그런 길을 중도에 그만두면 어떻게 될까? 끝까지 가 보는 게 스스로에게도 떳떳하지 않을까?"

엄마의 말에 트와일라는 고개를 끄덕였어.

"엄마는 네가 예술가가 되기를 바라는 것이 아니야. 무슨 일이든 제대로, 최선을 다하는 사람이 되었으면 좋겠구나."

트와일라는 엄마 말에 다시 힘을 얻어 음악과 무용 연습을 했단다. 당연히 실력도 높아졌지. 그리고 무용가가 되었어.

트와일라는 스물네 살 때 자신의 무용단을 창단하고 무용 작품을 발표했어.

어렸을 때 익힌 음악적 재능을 발휘해 모던 댄스와 뮤지컬을 아우른 새로운 무용 장르를 개척했지.

게다가 음악, 미술, 비디오 등 다른 분야의 예술과 교류하는 독특한 무용도 선보였어. 어렸을 때부터 여러 장르를 공부한 덕분이었지.

현재 트와일라는 미국 최고의 안무가로 칭송받고 있단다. 그 원동력이 된 것은 '도랑을 파더라도 그 누구보다 훌륭하게 파는 사람이 되라'는 엄마의 말씀이었어.

트와일라의 엄마가 강조한 것은 한 가지 일을 하더라도 훌륭하게, 최선을 다하라는 것이었어. 그래서 무슨 일이든 완벽에 가깝게 해냈고, 그 결과 모든 예술 분야를 아우르는 최고의 안무가가 되었지.

때로는 결과보다 과정이 중요한 경우도 있단다. 시험 성적이 생각보다 안 나왔다든지, 열심히 뛴 경기에서 졌을 때도 네 자신과 다른 사람들이 최선을 다했다고 인정한다면 그것으로 충분하다. 왜냐하면 최선을 다하는 사람은 언젠가 그 결실을 보기 때문이지.

최선을 다했는데도 안 되는 것은 안 된다고? 과연 그것이 최선이었을까? 조금의 부족함도 없이 네가 온 힘을 다했느냐는 말이다.

모든 일에 최선을 다하는 사람이 성공할 수밖에 없는

이유는 또다시 도전할 때도 최선을 다하기 때문이란다. 그런 사람이 어찌 천재가 되지 않을 수 있겠니?

최선을 다하는 사람은 꽃보다 아름답단다. 그래서 그런 사람을 보면 기분이 좋아져 도와 주고 싶은 마음이 절로 우러나지.

사실 성공한 사람들 중 상당수는 주변의 도움을 받은 경우가 많단다. 그것이 계기가 되어 성공할 수 있었다는 얘기지.

어느 날 갑자기 최고가 되는 사람은 없다. 최고의 자리에 있는 사람은 그 분야에서 남들보다 뛰어난 재능과 실력을 가지고 있을 뿐만 아니라, 다른 누구보다 최선을 다하는 사람이기도 하단다.

내 딸아, 100미터 달리기에서 전력 질주한 후 결승점에서 느끼는 환희를 모든 일에서 느낄 수 있도록 노력하렴. 집중하고 최선을 다한다면 너는 모든 일에 천재가 될 수 있을 것이다.

3. 불의에 맞설 수 있는 능력을 키워라

레이첼 카슨
1907~1964

레이첼 카슨은 어렸을 때부터 자연을 벗삼아 살았단다. 어머니가 환경과 인간의 관계가 얼마나 중요한지도 알려 주었지.

어려서부터 글쓰기에 재능이 있던 레이첼은 영문과로 진학했어. 그런데 전공과 상관없이 과학 과목을 1년 동안 공부해야 했어. 그 때 생물학을 듣고 아예 전공을 바꾸었단다. 레이첼은 생물학에 아주 푹 빠지고 말았거든.

동물학으로 석·박사 학위를 받을 때 아버지가 돌아가셨어. 레이첼은 졸지에 가장이 되었지. 그래서 취직을 했어. 다행히 어류와 야생동물, 자연보호구역 등에 관한 자료를 편집하고 출판하는 일을 맡게 되었단다. 한편으로 글쓰기도 게을리하지 않았어.

1951년에 〈우리를 둘러싼 바다〉를 발표했는데, 이 책이 베스트셀러가 되면서 그 전까지는 전문가의 영역이라고만 여겨지던 과학 분야로 일반인들의 관심을 끌어들였단다.

그런데 레이첼은 늘 궁금한 게 있었어.

"이상해. 왜 비행기가 지나가고 나면 동·식물들이 죽을까?"

당시에는 비행기로 디디티(DDT)라는 살충제를 뿌렸어. 원래는 해충인 매미나방을 없애기 위한 것이었는데, 숲에서만 사는 매미나방을 잡는다고 다른 지역까지 살충제를 마구 뿌려댄 거야.

레이첼은 살충제의 위험을 알리는 게 중요하다고 생각해 책을 쓰기로 했어. 그러는 사이에 레이첼은 큰 병에 걸렸어. 암 수술도 하고 눈이 안 보이게 되는 등 어려운 일이 많았지.

그래도 레이첼은 책 쓰는 일을 멈추지 않았어. 살충제 회사에서 레이첼을 공격했지만, 그럴수록 레이첼은 자신의 주장을 뒷받침할 수 있는 자료를 모으고 공부해 확실한 증거를 내보였어.

1962년 드디어 〈침묵의 봄〉이 출간되어 세계적인 베스트셀러가 되면서 큰 반향을 불러일으켰단다.

한 분야의 최고가 되려면 많은 노력이 뒤따라야 한다. 자신과의 싸움이 가장 크겠지만 불의와 맞섰을 때도 많이 힘들 것이다.

레이첼이 살충제의 위험을 알리자 많은 사람들이 그녀의 적이 되었단다.

살충제 회사는 물론 관료들도 레이첼을 공격했어. 불순한 의도를 가졌다는 둥, 자본주의를 파멸시키려 한다는 둥 말도 안 되는 소리들을 했지. 하지만 레이첼은 꿈쩍도 하지 않았어.

"저항해야 할 때 침묵하는 것은 비겁한 죄악이다."

내 딸아, 불의나 비리를 보고도 적당히 타협하고, 마치 남의 일인 양 눈감아 버리는 비겁함은 버리렴.

레이첼은 수많은 협박과 건강을 잃어가면서도 자신의 뜻을 굽히지 않았어. 물론 불의와도 타협하지 않았지. 이것은 쉬운 일이 아니란다.

아빠는 네가 불의에 맞설 수 있는 능력을 키웠으면 좋겠구나. 불의에 맞서고 정의의 편에 서야 편견없이 세상을 바라볼 수 있는 사려깊은 사람이 된단다.

부끄럽지 않은 성공과 상대방을 배려하고 함께 어울려 살 수 있는 첫 걸음이 바로 정의가 아닐까 싶다.

4; 모든 사람이 지금까지 그랬다고 너까지 그럴 필요는 없다

가브리엘 샤넬
1883~1971

샤넬이 처음 의상실을 열 당시, 프랑스 여자들은 대부분 화려한 깃털이나 꽃, 레이스 장식을 한 모자를 썼단다. 게다가 숨도 못 쉴 정도로 허리를 꼭 조이는 드레스를 입고 다녔지.

"옷은 편하고 자유로운 게 최고야. 답답하고 치렁치렁한 장식은 질색이라고."

샤넬은 지금까지와는 전혀 다른 옷을 만들었어. 샤넬의 옷은 사람들 사이에서 금방 화젯거리가 되었지. 입소문 덕분에 많은 사람들이 샤넬의 옷을 입기 시작했어.

그러던 어느 날, 전쟁이 일어나고 말았단다. 상점들이 문을 닫기도 했지만 샤넬 의상실은 전쟁이 무색할 정도로 바빴어. 전쟁중이라 실용적인 옷을 찾는 사람들이 더욱 많아졌기 때문이지.

하지만 전쟁이 길어지면서 옷감 구하기가 하늘의 별 따기만큼 어려웠지. 샤넬은 직접 섬유회사를 돌아다녔고, 정말 마음에 드는 옷감을

발견했어. 남자 속옷을 만드는 '저지'라는 옷감이야.

샤넬은 이 옷감으로 자신만의 옷을 만들었어. 의상실 직원들도 반대했지만 결과는 대성공이었어.

샤넬이 만든 옷은 프랑스는 물론 미국에서도 큰 인기를 끌었어. 그렇게 샤넬은 세계 무대에 발을 들여놓게 되었단다.

이미 짜여진 틀에서 벗어나기란 쉽지 않단다. 용기도 필요하고 모험심도 있어야 하며 의지도 있어야 하지. 어쩌면 다른 사람들의 놀림을 이겨내야 할지도 모른단다.

우리는 알게 모르게 타성에 젖어 있기 쉽단다. **타성을 깨는 일은 지금까지 그래 왔던 것에 대한 도전이자 새로운 무언가에 도전해야 하기 때문에 아주 힘들단다.** 하지만 더 큰 문제는 그럴 생각조차 하지 않는 것이지.

샤넬이 '여자들은 레이스 장식이 많고 옷자락이 긴 옷을 입어야 한다'는 고정관념을 떨쳐내지 못했다면 여자들은 꽤 오랫동안 불편한 옷을 입어야 했을 것이다.

물론 타성에서 벗어나려면 실력이 있어야 한다. 실력을 쌓으면 문제점도 보이게 되지. 샤넬은 실력은 물론이고 자신이 만드는 옷에 늘 자신이 있었어.

"난 여자들에게 자유를 줄 거야. 속옷을 겹겹이 껴입고,

숨도 못 쉴 정도로 허리를 조이고 레이스로 휘감아야 아름다운 것은 아니야. 생각을 조금만 달리 하면 이렇게 자유롭고도 아름다운 옷이 된다고!"

실력과 자신감은 창조적인 생각의 밑천이 된단다. 그것이 없었다면 샤넬은 남자 속옷을 만들던 옷감으로 여자 옷을 만들 수 없었을 것이다. 아니, 생각조차 못했겠지.

이후 샤넬은 많은 유행을 만들었단다. 치마 길이를 짧게 하고, 장례식에서나 입던 검은색으로 드레스를 만들고, 가짜 보석으로 화려한 장식을 하는 등 말이야.

고정관념을 깨고 새로운 디자인, 새로운 옷감을 선택해 전 세계적으로 유명한 디자이너가 되었지.

어쩌면 샤넬은 디자이너가 아니라 여성을 자유롭게 만든 '혁명가'라고 할 수 있을지도 모르겠다.

5. 좋은 친구를 사귀는 것도 중요하다

석지영
1973~

"우리 생각에 너는 발레보다는 공부를 하는 게 더 나을 것 같다."

부모님 말씀에 석지영은 당혹스러웠어. 여섯 살 때 미국으로 이민 와서 열다섯 살이 될 때까지 오직 세계 최고의 발레리나만을 꿈꾸었거든.

석지영은 부모님의 바람대로 예일대 영문과를 졸업하고 영국 옥스포드대에서 박사 학위를 받았단다.

그 후 하버드 로스쿨에 진학해 뉴욕시 맨해튼 검찰청 검사와 데이비드 수터 연방 대법관 서기로 근무했지.

그리고 2006년, 우리나라 사람으로는 처음으로 하버드 법대 교수로 임명되었고, 4년 뒤에는 아시아 여성 최초로 하버드 법대 종신교수로 선출되었어.

다양한 경력을 쌓은 석지영이 법학자로 살게 된 가장 큰 계기는 현재 미국무부 차관보로 있는, 전 예일 법대 학장의 충고와 미연방 대법

관을 보좌한 경험 때문이라고 해.

보통 교수 임용 후 빨라야 6년에서 보통 10년이 지나야 종신교수 자격을 얻게 된단다.

게다가 종신교수 임명이 까다롭기로 소문난 하버드 법대에서 30대 교수를 4년만에 종신교수로 임명한 것은 실로 획기적인 사건이 아닐 수 없었단다.

석지영 교수는 자신의 성공 비결을, 책을 통해 다른 사람의 세계를 경험했기 때문이라고 밝혔단다.

또 한 가지, 좋은 스승(멘토)을 만나고 관심 있는 분야의 전문가, 교수 등과 가까이 지내면서 그들의 업적과 연구 성과 등을 공부하는 것이 필요하다고 했지.

석지영 교수가 멘토의 중요성에 대해 말했듯이 아빠도 네가 좋은 멘토를 만났으면 좋겠구나. 존경하는 인물이나 위인을 멘토로 삼기보다는 네 옆에서 직접 충고와 도움을 줄 수 있는 사람이면 좋겠다.

네가 속마음을 털어놓고 이야기할 수 있는 사람이어야 하니, 남성보다는 여성이 좋지 않을까 싶다.

현재 사회의 중요한 자리는 여성보다 남성이 많이 차지하고 있단다. 그러니 여자의 경우, 오랫동안 자신을 이끌어 줄 멘토가 더욱 필요하다고 할 수 있다.

친구와의 우정도 중요하게 여기거라. **어렸을 적 친구는 평생을 가는 경우가 많단다. 친구는 심리적으로든 물질적으로든 너에게 큰 도움이 될 것이다.**

네게 도움이 되는 친구라면 똑똑한 친구가 좋겠구나. 똑똑하다는 것은 공부를 잘하는 것만을 의미하지는 않는단다.

공부를 잘하는 것은 그냥 공부만 잘하는 것이야. 똑똑한 사람은 자신에게 주어진 것을 무엇이든 잘하는 사람이란다.

학교 공부를 기준으로 똑똑함을 구분짓는 것은 잘못이다. 공부를 잘 못해도 자신의 일을 잘하는 사람이 있거든. 공부만 잘하는 사람은 공부 이외에는 잘하는 게 없는 경우가 많단다.

내 딸아, 네 주위에 어떤 사람이 모이느냐가 네 평생을 결정한단다. 좋은 멘토를 만나고 좋은 친구를 사귀면 네가 세상 앞에 당당하게 서는 데 큰 도움이 될 것이다.

6; 집안 일을 우습게 알면 우스운 사람이 된다

마사 스튜어트
1941~

"자, 오늘은 자기 방에 페인트칠을 하도록!"

아빠의 말에 여섯 명의 아이들이 일사분란하게 움직였어. 완벽주의자인 마사의 아빠는 아이들에게 각자 자기 방 페인트칠은 물론 옷도 직접 만들어 입게 했지.

그 덕분일까, 마사는 열 살 때 책임자가 되어 파티를 열고, 아르바이트로 광고 모델을 하면서 자립심을 키웠어.

어른이 된 마사는 결혼해 딸을 낳고 평범한 주부가 되었어. 빨래와 청소, 음식, 정원 가꾸기 등 모든 일이 좋았단다.

"내가 있어야 할 곳은 바로 이 집이야. 난 최고의 주부가 될 거야."

그러던 어느 날, 주부들의 살림 솜씨가 서툴다는 사실을 알게 되었어. 그래서 아예 집 지하실에 작은 공간을 마련해 주부들의 살림을 도와 주는 사업을 시작했어.

테이블 세팅과 음식 만드는 방법에 많은 주부들이 감탄했지. 마사

는 파티 요리 서비스 광고를 냈어. 첫 사업이었지. 그 후 마사는 요리책을 내고 잡지를 만들었어. 뿐만 아니라 텔레비전에 출연해 살림법을 공개했단다.

사업은 크게 성장했고 마사는 '마사 스튜어트 리빙 옴니미디어'의 회장이 되었어. 미국 잡지인 〈포춘〉 선정 '능력 있는 여성 50인'에 두 번이나 선정되기도 했지.

마사보다 요리도 잘하고 정원을 잘 가꾸는 전문가는 많을 거야. 그런데도 마사가 '살림의 여왕'으로 불리는 이유는, 하찮은 것으로 여겨지던 집안 살림을 가치 있는 일로 만들었기 때문일 거야. 살림살이를 비즈니스와 예술로 승화시킨 여성이란다.

마사가 성공한 이유는 무엇일까? 그것은 현재 자신의 삶에 불만을 갖는 것이 아니라, 더 나은 자신의 모습을 바라는 열정으로 자신이 더 잘할 수 있는 분야를 발견했기 때문이란다. 그녀는 누구보다 자신의 재능을 파악하고 발전시키는 데 뛰어났어.

며칠 전에 네가 친구와 하는 이야기를 듣고 아빠는 깜짝 놀랐단다.
"나는 절대 집에서 살림이나 하지는 않을 거야."
"나도. 집에서 살림만 하는 여자는 능력 없는 사람 같아."
세상에! 집안 일을 무능력한 사람이나 하는 것으로 치부하다니. 너와 친구가 아주 큰 착각을 하고 있구나.

남자들만 하던 일을 여자가 하면 주목받기 쉬운 것이 사실이란다. 그렇다고 그 전까지 여자들이 주로 해 오던 일은 무시할 만한 가치없는 것이 아니다.

오히려 남자들이 해 오던 일을 하는 여성을 더 높이 평가하는 것 자체가 여자들 스스로 자신들을 무시하는 행위가 아닐까?

밖에서 전문가로 일하는 것만이 성공은 아니란다. **가족들이 편하게 쉬고 건강하게 생활할 수 있는 환경을 만드는 전문가가 바로 주부란다.**

어찌 보면 가장 기본이 되는 일이고, 요리부터 청소, 육아 등을 전부 해내니 이 같은 전문가가 또 어디 있겠니?

여성들의 교육 수준이 높아져서 사회 생활을 하는 사람이 많아진 것이 사실이다. 그렇다고 그들이 모두 집안 일이 시시해서 사회에 나와 일하는 것은 아닐 것이다.

중요한 것은 남자의 일이냐, 여자의 일이냐가 아니라 자신의 일을 얼마나 가치있게 생각하느냐이다.

7; 꿈꿔라, 쉬지 말고 꿈을 꿔라

제인 구달
1934~

제인 구달은 '침팬지의 대모'라고 불린단다. 사나운 맹수, 풍토병이 유행하는 아프리카 정글에서 목숨을 걸고 침팬지를 연구해 왔기 때문이지.

제인 구달은 10대 때부터 자신의 꿈을 설계했단다. 동물을 아주 좋아해서 동물 관련 책을 읽으며 다양한 지식을 쌓았어.

제2차 세계 대전이 일어나고 부모님이 이혼하면서 제인은 엄마와 살게 되었단다. 그리고 비서학교를 다녔지. 학교를 졸업하고는 돈을 벌기 위해 여러 가지 일을 했어. 동물과는 전혀 상관없는 일이었지.

그런 와중에도 제인은 아프리카에 대한 꿈을 잊지 않았단다. 틈만 나면 아프리카 동물에 관한 책을 읽고 동물원이나 박물관에 가서 공부를 했지.

그런데 무엇인가를 간절히 바라면 정말 이루어지는 것인지, 제인은 친구에게 뜻밖의 편지를 받았단다. 케냐에 있는 농장으로 초대를 받은

거야.

스물세 살 때 제인은 그토록 바라던 아프리카에 도착했단다. 그리고 동물 연구를 하는 박사의 비서로 일했지. 동물에 대한 열정을 알게 된 박사는 제인에게 침팬지 연구를 권했단다. 그 후로 40여 년 동안 제인은 침팬지 연구를 했어.

제인은 침팬지 연구와 자연환경 보호운동에 대한 공로를 인정받아 슈바이처상, 교토상, 에든버러 메달 등을 수상하였고, 영국 엘리자베스 2세에게 작위도 받았단다.

세상에 인내심 없이 되는 일은 아무것도 없단다. 거의 모든 일이 기다림의 연속이지. 그 과정에서 힘든 일도 만나고, 마음이 바뀌기도 하지. 하지만 성공한 사람들 대부분은 자신이 하고자 하는 일에 최선을 다하며 그 기다림을 참고 즐겼단다. 그래, 성공을 위해 참을 수 있는 힘은 바로 '꿈'이었어.

지금 이 순간 지쳐서 포기하고 싶다면 마음을 다잡으렴. 그리고 다시 네 꿈을 꾸렴. 결과가 어떻든 과정이 뚜렷하면 언젠가는 좋은 결과를 얻을 수 있단다. 하늘이 너를 돕는 듯, 좋은 우연과 인연을 만날 수도 있고 말이야.

뜻이 아무리 좋아도 과정이 없으면 좋은 결과를 얻을 수 없어. 좋은 결과를 얻으려면 뜻이 좋아야 하고, 과정을 확실히 해야 한다.

여기서 뜻이란 어떤 일의 의미와 목표를 말하고, 과정은 그 일에 대한 하나하나의 처리를 말해.

힘들고 포기하고 싶을 때마다 네 꿈을 생각해라. 꿈은 미래의 지표가 될 뿐만 아니라 마음이 흔들리지 않도록 잡아 주는 역할도 할 것이다.

너의 꿈은 무엇이냐? 10년 후, 20년 후, 혹은 그 이후에 어떤 모습으로 세상을 살고 있을까. 아마도 네 꿈은 여러 번 바뀌었을 것이다. 그리고 앞으로도 여러 번 바뀔 수 있다.

다만 아빠는 네가 꿈꾸기를 멈추지 않았으면 한다. 네가 원하던 일을 성공시키지 못하더라도 말이다.

내 딸아, 어쩌면 너는 지금 네 성공을 위해 가는 한 과정에 있을지도 모르겠구나.

그 과정이 공부든, 악기 연주든, 운동이든 일단 시작하면 끝을 보는 인내심을 기르렴. 그러면 네가 꿈을 이룰 수 있을지 없을지 불안하지 않을 것이다. 그리고 성공한 모습을 상상해라. 그러면 최고의 자리에 서는 그 과정이 즐거울 것이다.

8; 길은 가는 사람이 만드는 것이다

마리 퀴리
1867~1934

마리 퀴리는 폴란드에서 태어났어. 아버지는 물리학 교수였지. 그런데 러시아가 폴란드를 침공해 통치하면서 마리의 아빠는 교수직을 빼앗겼단다. 살던 집에서도 쫓겨나 공장 기숙사에서 살아야 했어.

하지만 마리 부모가 교육에는 열성적이라 딸들을 대학에 보내려 했어. 러시아 정부가 여자는 대학 진학을 하지 못하게 했기 때문에 마리와 언니는 프랑스에 있는 대학에 가고 싶어했지.

"학비는 내가 벌어서 댈게. 대신 나중에 내가 대학에 들어가면 내 학비는 언니가 대 줘."

대학에 들어간 마리는 물리학과 수학을 공부했어. 2년 만에 물리학과를 수석으로 졸업하고, 이듬해에는 수학과도 졸업했어.

그리고 피에르 퀴리(1859~1906)를 만나 결혼했단다. 퀴리 부부는 같이 연구를 시작했어. 비록 대학 운동장 한 구석에 있는 낡은 창고였지만 퀴리 부부는 1903년 노벨 물리학상을 받았어.

그런데 남편이 마차 사고로 갑작스럽게 세상을 떠나고 말았어. 마리 퀴리는 슬픔을 견디기 위해 더욱 연구에 몰두해 소르본 대학의 첫 여성 교수가 되고 노벨 화학상도 받았어. 큰딸 이렌느는 남편과 함께 1935년 노벨 물리학상을 공동 수상했어.

퀴리 부인은 러시아 침공으로 생활이 어려워졌어. 어머니도 돌아가시고 대학 진학도 힘들게 되었지. 모든 길이 꽉 막힌 듯했어. 그 때 퀴리 부인이 아이디어를 냈어.

언니가 먼저 대학에 가고 그 동안 퀴리 부인이 아이들을 가르치며 돈을 벌어 언니 뒷바라지를 한 거야. 언니가 졸업한 다음에는 퀴리 부인이 대학에서 공부를 했지.

만약 퀴리 부인이 가난 때문에, 또는 대학에 갈 수 없는 당시 폴란드의 상황 때문에 모든 것을 포기했다면 어떻게 되었을까?

퀴리 부인은 자신의 길을 스스로 개척했단다. 그리고 여성 최초의 노벨상 수상자이며, 물리학상과 화학상 등 노벨상을 두 번 받은 유일한 인물이 되었지.

내 딸아, 상황을 탓하지 말거라. 길은 네가 만드는 것이란다. 네가 걸어가면 그 곳이 바로 길이 되는 거야. 아무리 현실이 어려워도 그 나름의 길을 찾아야 한다. 찾다 보면 길이 보인다.

그 길이 자신이 원하는 만큼 눈에 차지 않더라도 능동적으로 대처해 나가는 것이 좋다. 그러면 그 일을 하는 과정에서 기회를 찾을 수도 있거든. 살다 보면 그런 경우가 참 많단다.

가슴 속에 품은 뜻을 스스로 무너뜨리지 않는 한, 그리고 주어진 일에 최선을 다하는 한 기회는 반드시 오게 되어 있다. 이를 잊지 말고 반드시 실천해라.

네가 새로운 길을 두려움 없이 걷기 위해서는 지금부터 스스로 하는 방법을 터득해야 할 거야.

어른이 되는 것은 조금씩 습관을 들이는 것과 비슷하단다. 그 가운데 가장 중요한 것이 스스로 하는 습관이란다.

명심하렴. 하루아침에 되는 일은 없단다. 지금부터 조금씩 네가 스스로를 챙기렴. 그러면 너만의 길을 갈 수 있는 힘이 생길 것이다.

| 제 3 장 |

아빠, 여자로서 리더가 되려면 어떻게 해야 하나요?

1; 여자라서 불가능한 일은 없단다

메리 로빈슨
1944~

"애야, 법은 약자에게 정의를 주고 사람들에게 자신의 처지를 변화시킬 수 있는 기회를 준단다."

메리 로빈슨은 어렸을 때 할아버지에게 이런 말을 자주 들었어. 그래서 어른이 되면 어려운 사람을 도우며 살기로 결심했지.

메리가 생각한 어려운 사람이란 '여자'였어. 당시 아일랜드는 분쟁이 많은 나라였어.

종교적으로는 구교와 신교가 끊임없이 싸웠고, 경제적으로는 빈부의 격차가 심했으며, 무엇보다 남녀차별이 아주 심했단다. 같은 일을 해도 여자는 남자보다 낮은 임금을 받았고, 임신을 계획할 수도 없고 아기가 생기면 무조건 낳아야 했으며 이혼을 할 수도 없었지.

어렸을 때 결심대로 메리는 법대에 진학했고, 미국으로 건너가 하버드대에서도 법을 공부했어.

당시 미국은 여권 운동이 절정에 달해 있을 때였어. 보수적인 아일

랜드에서 온 메리에게는 충격 그 자체였지.

"할아버지 말씀이 맞았어. 법은 사회를 변화시킬 수 있어!"

미국에서 돌아온 메리는 25세에 최연소 상원의원이 되었어. 그리고 여성 차별적인 법들에 손을 대기 시작했지. 당연히 남자들 눈에 메리가 곱게 보일 리 없었어. 메리는 자신의 안건을 설명할 시간도 배당받지 못했어.

하지만 메리는 자신이 무엇을 해야 하는지 잘 알고 있었어. 법을 샅샅이 연구해 자신에게 유리하게 이용하는 방법을 터득해 나갔지.

그리고 1990년, 7년 임기의 대통령 선거에 출마해 아일랜드 최초의 여자 대통령으로 당선되었단다.

'턱걸이 대통령.'

메리 로빈슨의 별명이야. 다른 후보자와 표 차이가 얼마 나지 않아 턱걸이 대통령이라고 불렸지. 하지만 1997년 대통령 임기를 마칠 무렵에는 국민의 지지도가 93%에 이르렀어.

메리는 어렸을 때 결심한 자신의 뜻을 여자라고 해서 힘들다고 생각하거나 포기하지 않았어. 덕분에 아일랜드 최초의 여자 대통령으로서 뛰어난 리더십을 발휘할 수 있었어.

예전에 비해 오늘날은 남녀차별이 심하지 않다고 하지만, 아직도 눈에 보이지 않는 차별이 많이 존재한단다. 흔히 말하는 '유리 천장'이 바로 그것이야.

가끔 실력 있는 사람이 여자라는 이유로 남자에게 밀리는 것을 보면 정말 안타깝단다. 때로는 왜 더 강하게 나서지 않고 스스로 물러날까 하는 의아함도 들더구나.

내 딸만큼은 스스로 '나는 여자니까.' 하며 포기하는 마음은 먹지 않았으면 좋겠다.

지난 번 여름휴가 때 사촌들과 바닷가로 여행을 갔었지. 그 때 남자 아이인 네 사촌이 "네가 물에 빠지면 내가 구해 줄게. 나는 남자니까." 하고 말하자, 네가 아주 멋지게 받아치더구나. "나도 네가 물에 빠지면 도와 줄게. 나는 수영을 아주 잘하는 여자니까."

아직도 남녀를 구분짓고 차별하는 사람이 많단다. 따라서 그런 사람들과 싸워야 하는 일이 아쉽게도 너의 몫이 되겠구나.

내 딸아, 그런데 지금 아빠가 말한 것을 반대로 이용하지는 마렴. 나는 여자니까 하는 마음으로 누군가에게 보호를 받거나, 남자가 해야 하는 일이라는 역차별을 하는 잘못을 범하지 말라는 말이다. 아빠는 내 딸이 사회에서 인정받는 떳떳한 어른이 되기를 바란다.

2; 눈물은 너를 약하게 보이게 한다

마가렛 대처
1925~

대처가 집권 후 긴축 재정을 실시할 때의 일이란다. 당시 영국은 경제 상황이 아주 안 좋았어. 대처는 노조 문제가 그 원인이라 보고 이를 개혁하려 했지. 하지만 많은 사람들이 반대했어. 역대 수상도 못한 일을 어떻게 여자 수상이 할 수 있느냐며 말이야.

"그래서 더더욱 지금 해야 합니다. 그것이 나의 생각입니다."

대처는 반대파를 굴복시키고 노조를 와해시키는 데 성공했어. 경제가 살아난 것은 말할 것도 없지.

또 이런 일도 있었어. 1982년에 아르헨티나와 포틀랜드 전쟁이 일어났어. 아르헨티나가 영국령인 포틀랜드를 자기 땅이라고 주장한 거야.

"지금 즉시 공격하세요. 우리의 강력한 힘을 보여 줘야 합니다."

그러자 기세등등하던 아르헨티나가 꼬리를 내리고 말았단다. 이 사건으로 대처는 국민들의 절대적인 지지를 받았단다.

대처는 카리스마 넘치는 지도력으로 '철의 여인'이라는 별명을 얻었어.

"남성과 여성이라는 구별은 문제가 되지 않습니다. 실력이 있으면 그 지위에 오르게 되는 것입니다."

대처는 영국 최초의 여자 수상, 세 번의 선거에서 승리해 1827년 이후 가장 오래 수상 관저에 머문 수상, 쇠약했던 영국의 경제를 부흥시켜 대영제국의 영광을 되찾아 준 리더로서 지금까지 존경받고 있단다.

남자는 여자의 눈물에 공격성이 줄어들고 마음이 약해진다고 해. 이것은 이스라엘의 바이츠만 연구소가 과학적으로 밝힌 바 있단다.

내 딸아, 혹시 눈물을 여자의 무기로 생각하고 있지는 않느냐?

대처는 철의 심장을 가진 여성 지도자였다. 수상이 된 후 여성이라는 이유로 겪어야 했던 수난에 대해 단 한 마디도 말한 적이 없고 눈물을 흘린 적도 없단다.

대처가 사람들 앞에서 눈물을 보인 것은 딱 한 번뿐이었어. 아들이 사막 자동차 경주 대회에서 행방불명되었을 때란다. 그 때는 엄마로서 견딜 수 없었을 거야.

대처가 냉정하다는 인상을 준 것은 노골적으로 감정 표현을 자제했기 때문이란다. 어쩌면 그래서 더욱 카리스마 넘치는 지도자의 모습을 보여 줄 수 있었는지도 모르겠다.

내 딸아, 쓸데없이 눈물을 보이지 마라. 그것은 너를 한없이 약하게 보이게 한단다. 그로 인해 네 능력이나 재능도 약해 보일 수 있어. 만약 눈물로 무언가를 얻었다면 그게 마지막일 것이다. 더 이상 좋은 것을 얻을 수 없다. 눈물 대신 땀을 흘린다면 그보다 훨씬 좋은 것들을 네 스스로도 자랑스럽게 얻겠지.

물론 감정으로 인한 눈물은 다르다. 슬프거나 감동을 받으면 눈물이 나는 것은 자연스러운 일이야. 눈물은 속마음을 드러내는 표현이다. **진심에서 우러나오는 눈물은 상대방에게 감동을 준다. 하지만 거짓으로 흘리는 눈물은 역효과를 가져올 것이야.**

남자는 여자가 울면 마음이 약해진다. 그것뿐이다. 상대방을 약한 여자로 여길 뿐 더 이상 평가하지 않는다.

눈물을 도구로 사용하지 마라. 동정심에 호소하지 말고 네 능력을 정정당당하게 평가받으렴.

3; 모험을 하면 용기가 생긴다

해리엇 터브먼
1820경~1913

"노예가 도망간다!"
"잡아라!"
노예를 잡아온 백인 감독관은 그 모습을 보고 있던 열세 살 소녀에게 채찍을 넘겨 주며 말했어.
"어서 때려라!"
그런데 소녀는 오히려 감독관을 노려보며 말했어.
"왜 때려요? 말로 하면 될 것을!"
소녀는 오히려 감독관이 노예를 때리지 못하도록 막았어. 그러자 감독관은 소녀에게 1kg 무게의 쇳덩이를 집어던졌어. 소녀는 거의 죽을 뻔했지. 다행히 목숨은 구했지만 그 고통은 평생 짊어지고 가야 했단다. 그 소녀가 바로 '해리엇 터브먼'이야.

150cm가 조금 넘는 키에 글을 읽을 줄도, 쓸 줄도 몰랐던 흑인 여성. 겉모습은 비록 평범해 보였지만 해리엇은 미국의 남북전쟁 때 수백 명의 노예들을 남부에서 자유로운 북부로 이끌어 '흑인들의 모세'

가 되었단다.

　해리엇은 남부 노예들을 북부로 탈출시키는 일을 했어. 탈출하는 도중 백인에게 붙잡히면 심하게 고문을 당하고, 견디다 못해 자신들을 도와 준 사람에 대한 정보와 탈출 경로를 누설할 우려가 있었어. 그러면 더욱 많은 사람이 희생당할 수도 있기 때문에 해리엇은 마음이 약해진 노예의 머리에 권총을 들이대며 말했단다.

　"죽은 사람은 아무 말을 하지 않아요. 당신이 계속 가지 않으면 다른 모든 사람을 위해 여기서 죽어야 해요!"

　그렇게 1850년부터 10년 동안 해리엇은 300명이 넘는 노예들을 남부에서 북부로 데려와 자유의 신분을 얻게 했단다. 해리엇은 19번이나 노예의 탈출을 도우면서 단 한 명도 잃지 않았어.

　사람을 강하게 만드는 것은 무엇일까? 신념이란다. 해리엇이 같은 흑인에게 총을 겨눌 수 있었던 것은 바로 노예를 해방시키겠다는 신념 때문이었어.

　여성은 결코 약하지 않단다. 오히려 남성보다 인내심이 강하지. 그런데 여자들 스스로 과소평가하는 경향이 있어. 용기는 여자와 거리가 먼 것이라고 말이야.

　모든 일은 마음먹기에 달렸단다. '여자라서' 하는 생각을 가지고 있으면 할 수 있는 일이 아무것도 없단다. 그러한 생각은 어른이 되었을 때 사회 경쟁력을 떨어뜨릴 것이다.

"여자인 내가 어떻게 하지?" 하고 생각한다면 살림살이는 어떻게 할 수 있느냐? 아빠가 엄마를 도와 살림을 해 보니 그 또한 쉽지 않은 일이더구나. 기술과 힘과 성실함을 모두 갖추고 있어야 그저 기본이 될 뿐이더구나.

내 딸아, 여자라서 못하는 것이 아니라 여자이기 때문에 할 수 있다는 긍정적인 생각을 가지렴.

모든 행동은 생각의 지배를 받는단다. 생각이 시키는 대로 몸이 움직이므로 어떤 생각을 하느냐가 중요하지.

무언가 해야 할 일을 앞두고 두려움을 가지고 있느냐? 그러면 네가 얼마나 그 일을 바라고 필요로 하는지를 생각해 보렴. 편안한 모험은 없단다. 편한 길에는 반드시 함정이 있기 마련이고.

그러니 아예 편한 길을 택하기보다는 모험심을 가지고 새 길을 가도록 해라. 그러면 힘든 일도 헤쳐나갈 용기가 생길 것이다. 모험을 해 보겠다는 의지야말로 힘든 일을 이길 수 있는 극복의 에너지가 된단다.

4; 가진 것이 없어도 행동하면 성공한다

"반드시 성공해서 돌아올 거야."

하시모토 마유미(1968~현재)는 고등학교를 졸업하고 고향인 시골을 떠나 도쿄로 향했단다.

하시모토는 어렸을 때 엄마와 둘이서만 살았어. 어찌나 가난했던지 아르바이트로 학비를 벌어야 했고, 대학은 엄두도 못냈지.

학력도 별로이고 시골 출신인 하시모토가 도쿄에서 무슨 일을 할 수 있을까. 더군다나 당시 고졸 여사원은 영업을 할 수 없었는데 말이다.

하지만 하시모토는 당찬 아가씨였어. 오랜 관례를 깨고 끊임없는 자기 계발과 도전 정신으로 최초의 고졸 영업사원이 되었단다.

그리고 자신의 적성에 맞는 일을 찾아 여러 회사를 다니다가 컴퓨터를 교육해야 하는 상황에 놓이게 되었지.

"대학 나온 사람도 어려워하는 것을 설명해야 하니, 이를 어쩌지?"

하시모토는 걱정이 태산 같았지만 사람들 앞에서 창피를 당하고 싶지는 않았어. 그래서 밤을 새워 공부했단다. 5개월 뒤 그녀는 웬만한

소프트웨어는 완벽하게 조작할 수 있게 되었어.

하시모토는 '생각보다는 행동'이라는 생각을 늘 가지고 있었어. 당시 불모지였던 인터넷 사업에 남보다 먼저 뛰어들어 최고의 여성 사이트를 만들었지. 하시모토가 만든 사이트는 일본 벤처 부문에서 가장 성공한 사업으로 평가받고 있단다.

하시모토는 가장 낮은 지위에서 시작했지만 지금은 도쿄의 젊은 비즈니스맨 사이에서 성공의 상징으로 여겨지고 있어.

"생각하고 계획하기 전에 우선은 행동부터 하라. 길이란 저지르고 나면 더 잘 보인다. 내가 생각에 빠져 있는 동안 누군가는 이미 성공을 향해 달리고 있다."

하시모토를 성공으로 이끈 생각이었단다.

내 딸아, 이 세상에 성실과 노력을 이길 것은 없단다. 아직 어린 너에게 이런 말을 해 줄 수 있어서 얼마나 다행인지 모른다.

네게는 많은 시간이 있다. 그 시간을 어떻게 활용하느냐에 따라 성공할 수도 있고 실패할 수도 있지.

시간을 잘 활용하는 방법 가운데 최고는 '끊임없이 행동하라' 일 것이다. 늘 무언가를 하는 사람이 있다. 그런 사람은 늘 눈이 반짝반짝 빛나고 있지.

무언가를 탐구하는 사람은 발전적이지만 몸을 사리는 사람은 퇴보할 수밖에 없어. 자신의 능력을 발휘할 생각을 않고 아예 시도조차 하지 않는다면 자신에게 얼마나 부끄러운 일이냐.

혹시 '해 봤자 소용없다'는 생각을 하고 있지는 않느냐? 부정적인 생각을 버리렴. '난 할 수 있다'는 긍정적인 생각을 가지렴.

긍정만큼 좋은 밑거름도 없단다. 네가 긍정의 마음을 가지는 것만큼 자신감도 커지고 행운도 따라올 것이다.

살이 쪄서 고민이라고? 수백 번 생각만 하면 무엇하겠니. 한 번의 운동이 네 고민 해결에 조금이라도 도움이 될 것이다.

'그래도 살은 안 빠질 것이다'라는 생각보다는 일단 일어나서 움직여라. 아무리 좋은 잠재력을 가지고 있다 해도 끄집어내지 않으면 아무 소용이 없단다.

지금, 혹은 네가 성인으로서 첫 걸음을 내디딜 때 가진 것이 없다고 슬퍼하지 마렴. 하시모토를 봐라.

성공은 가진 자의 것이 아니라 열심히 노력하고 행동하는 자의 것이란다.

5; 자신감만 있으면 두려움은 문제없단다

힐러리 클린턴
1947~

힐러리 클린턴은 미국 제42대 대통령 빌 클린턴의 아내란다.

정치가의 아내들은 대부분 보이지 않는 곳에서 일을 했지만, 힐러리는 함께 고민하고 정책을 수립하는 동지였단다. '힐러리가 있었기에 빌 클린턴이 있다'는 말까지 있을 정도지. 클린턴이 대통령 출마를 망설일 때도 힐러리가 먼저 등을 떠밀었다고 해.

"도전해! 당신이야말로 적임자야. 틀림없이 이길 수 있어."

힐러리는 늘 새로운 계획을 세우고 자신의 존재 이유를 발견했어. 빌 클린턴이 대통령 자리에서 물러나자 힐러리는 자신의 길을 걸었단다. 전대통령의 영부인이 아니라 정치인 힐러리 클린턴으로 말이야. 힐러리는 2011년 현재 미국 국무장관으로 재직하고 있단다.

"나는 나의 길을 가야 한다."

힐러리가 언제나 내리는 결론이었단다.

힐러리가 남편이 대통령이 될 수 있도록 도와 주었다고는 하지만, 그것이 힐러리 자신의 진정한 인생이 될 수는 없었단다.

마지막 순간에 함께 할 사람은 바로 자신이야. 그러니 내 앞의 문제를 해결하고 길을 개척하는 것도 자신이겠지.

여자는 마음이 고와야 한다고들 하지. 남자는 마음이 곱지 않아도 되냐? 남자든 여자든 마음이 고와야 한다.

또 남자는 배짱이 있어야 한다고 해. 마찬가지로, 여자는 배짱이 없어도 되느냐 하면 그것 또한 아니란다. 사람은 남자든 여자든 배짱이 있어야 해.

다소곳하고 얌전한 여성도 매력 있지만, 요즘처럼 남녀를 구별짓지 않는 시대에 뒤에서 가만히 있는 모습은 때로 답답하게 느껴질 것이다.

그보다는 당당한 배짱을 가지고 있다면 자신감도 생기고 자기 능력을 충분히 발휘할 수 있을 것이다.

혹 지금 친구들과 놀 때, 나는 여자니까 하는 생각을 하고 있지는 않느냐?

내 딸아, 스스로 남자와 동등하다는 생각을 가지면 다른 사람도 너를 그런 눈으로 바라볼 것이다. 스스로 나약한 존재라는 생각을 버려라. 나약함은 여자의 무기가 아니라 방해만 될 뿐이다.

아빠도 사회 생활을 하면서, 어려울 때는 여자라고 슬며시 빠지고 이익을 앞두고는 남녀평등을 주장하는 모습을 보면 정말 어이가 없더구나. 절대로 내 딸 만큼은 저렇게 유치한 기회주의자로 키우지 않겠다고 생각했지.

네가 진정한 인생을 살아가려면 어떻게 해야 할까?

무엇보다 두려움을 없애야 할 것이다. 미래에 대한 불안함이나 지금 가지고 있는 걱정거리 등을 스스로 헤쳐나가야겠지. 그러기 위해서는 자신감이 중요하다.

내 딸아, 잊지 마렴. 자신감을 가지고 네 길을 가렴. 해 보지도 않고 안 된다며 시도조차 하지 않는 것은 정말 부끄러운 자세란다.

너는 아주 괜찮은 아이란다. 엄마도 아빠도 그렇게 믿고 있는데, 스스로 네 자신을 하찮은 사람으로 평가하지 마라. 그러면 다른 사람들까지 너를 그렇게 볼 것이다.

6. 돈은 어떻게 쓰느냐가 더 중요하다

멜린다 게이츠
1964~

"여기가 정말 사람 사는 곳이 맞나?"

멜린다 게이츠는 가슴 한 구석이 싸늘하게 저려오는 것을 느꼈어. 동물들이 뛰노는 자연의 땅이라고만 생각해 온 아프리카에서 멜린다가 본 것은 비참하게 생활하는 사람들이었단다.

멜린다는 고통스럽게 살아가고 있는 아프리카 사람들을 본 후 인생관이 바뀌었어. 나눔을 실천하는 자선가가 된 거야.

멜린다는 책상머리에 앉아서 자신이 가지고 있는 돈이나 기부하는 자선가가 아니야. 세계 곳곳을 직접 돌아다녔어. 그러는 한편 빈곤국에 퍼져 있는 각종 전염병 관련 공부를 하여 전문가 못지않은 해박한 지식을 쌓았단다.

"그들에게 무엇이 필요한지 알려면 나 스스로 공부하고 연구해야 해. 그래야 방법을 찾을 수 있고 더 많은 사람을 도울 수 있지."

멜린다는 남편 빌 게이츠와 함께 2000년에 아예 '빌 앤드 멜린다

게이츠 재단'을 설립했어. 빌 게이츠는 마이크로소프트사의 회장으로, 세계에서 가장 돈을 많이 번 사람이지.

멜린다는 1999년부터 2003년까지 5년 동안 230억 달러를 기부했어. 거의 전 재산의 절반을 기부한 셈이야.

남편은 세계에서 돈을 가장 많이 번 사람이고 아내는 세계에서 기부를 가장 많이 한 사람이 되었단다.

아마 빌 게이츠를 모르는 사람은 없을 거야. 부자라서 유명하기도 하지만 빌 게이츠는 돈을 제대로 잘 쓰는 사람으로도 유명하단다. 그 뒤에는 아내 멜린다 게이츠가 있지.

멜린다 게이츠는 남편을 설득해 질병 퇴치 및 빈민 지원을 위해 돈을 쓰도록 했어. 빌 게이츠가 처음부터 박애나 자선에 관심이 있었던 것은 아니었거든.

큰 부자가 된 후에도 기부를 권하는 아버지의 이야기를 들은 척도 안 했어. 그러나 아내의 설득에 결국 마음을 돌렸단다. 아무리 냉정한 사람이라도 '자선의 여왕' 앞에서는 부드러워질 수밖에 없었나 봐.

돈을 많이 버는 것도 중요하지만 그보다 더 중요한 것이 그 돈을 어떻게 쓰느냐란다.

돈을 많이 번 사람이 존경받는 일은 드물지. 그러나 돈을 제대로 쓰는 사람은 대부분 많은 사람들의 존경을 받는단다.

돈의 가치를 제대로 알고 제대로 쓰기 위해서는 어려서부터 돈을 관리하는 방법을 배워야 해. 돈 쓰는 것도 습관이란다.

좋은 습관 들이는 방법으로 아빠는 돈을 쓴 내역을 메모했으면 좋겠구나.

가끔 용돈이 부족하다며 엄마를 조르는 모습을 본다. 아빠와 엄마는 네가 생활하는 데 부족함이 없을 정도로 용돈을 주고 있는데, 용돈이 부족하다는 것은 네 씀씀이 어딘가에 문제가 있다는 증거란다.

그 문제를 찾는 방법이기도 하고 문제를 해결하는 방법이기도 한 것이 바로 돈의 사용 내역을 적는 것이다.

내 딸아, 요즘은 점점 돈을 내세우는 경우가 많구나. 경제적으로 얼마나 부유한지에 따라 사람의 가치도 평가되고 있지.

이런 사회에서 돈의 노예가 되어 휘둘리지 않고, 네가 돈을 휘두르기 위해 어려서부터 좋은 습관을 들이기 바란다.

7; 토론을 즐길 줄 알아라

그로 할렘 브룬틀란
1939~

노르웨이 오슬로에 사는 그로 할렘 브룬틀란의 집에는 손님이 많이 찾아왔단다. 손님들은 늘 이야기를 나누었지. 아니, 이야기라기보다는 토론이었어.

각자 자신의 생각을 이야기하면서 상대방 의견에 반론을 펼치기도 하고 맞장구를 치기도 했지. 목소리를 높이거나 얼굴을 붉히는 일은 거의 없었단다.

브룬틀란은 어른들의 토론 모습을 조금씩 몸에 익혀갔어. 그리고 일곱 살 때 노동당의 어린이 정치 모임에 들어갔어. 엄마 아빠 친구들이 하던 정치 토론을 친구들과 하게 된 거야.

그녀는 의대에 진학했어. 의대에 다니면서도 정치 토론에 늘 참석했어. 때로는 부드럽게, 때로는 격정적으로 자신의 주장을 펼치는 그녀에게 모두들 빠져들었지.

대학을 졸업하고 결혼을 하고 의학 박사 학위를 받았단다. 그러던 어느 날, 환경부 장관에 임명되었어. 환경부 장관에 임명된 그녀는 특

유의 토론 방식으로 많은 사람들의 주목을 받았단다.

일상생활을 예로 들어 이해하기 쉽게 이야기하고, 지도력도 탁월했으며, 신중하게 결정하고 분명하게 행동하는 모습이 정치인으로서 더 큰 책임을 맡을 수 있게 만들었어.

환경부 장관 자리에서 물러난 후, 노동당 총재로 뽑혔단다. 1981년 당시 노동당 총재였던 수상이 물러나면서 선출된 자리였으니 그녀는 자연스럽게 노르웨이의 수상이 되었단다. 노르웨이 역사상 첫 여성 수상이자 42세 최연소 수상이었지.

그 후 그녀는 세 번이나 노르웨이 수상을 지냈어. 그리고 1998년에는 세계보건기구 사무총장에 임명되기도 했단다.

브룬틀란이 정치계에서 성공을 거둘 수 있었던 많은 요인들 중 하나로 토론을 들 수 있겠구나.

아빠는 남자 입장에서 여자를 볼 수밖에 없단다. 그래서 가끔 여자들의 세계를 오해할 수도 있단다. 아빠가 가장 이해가 안 되는 것이 여자들의 수다란다.

토론이란 어떤 주제에 대해 각자의 의견을 나누는 일이야. 수다는 쓸데없는 말이란다. 이건 아빠의 생각이 아니라 사전에 나와 있는 그대로를 옮긴 것이다.

토론은 어느 날 갑자기 잘하게 되는 게 아니란다. 브룬틀란도 어렸을 때부터 어른들의 토론 모습을 보고, 어린이 정치 모임에서 토론을 익혔듯이 너도 지금부터 토론하는 방법을 익혔으면 좋겠구나.

토론을 잘하면 상대방에게 가장 효율적으로 내 의견을 말하고 내 주장대로 상대방을 이끌 수 있단다.

단, 토론은 꼭 상대방을 이기기 위해서 하는 것이 아니다. 내 입장을 상대에게 충분히 전달하는 선에서 만족해야 해.

자신과 생각이 다르다고 상대방에게 화를 낸다거나 그 사람을 비난해서는 안 된다. 항상 예의를 갖춰 말해야 하고, 자신과 의견이 다를지라도 그 의견의 옳은 점은 인정할 줄 알아야 해.

그리고 다른 사람의 말을 도중에 끊지 말아야 하고, 끝까지 주의깊게 들어야 해.

뿐만 아니라 토론자는 미리 토론 주제에 대하여 조사하고 연구하여 충분히 이해한 상태에서 토론에 임해야 하고, 자신의 의견을 말할 때에는 반드시 그에 대한 이유도 분명하게 제시하도록 해야 한다.

| 제 4 장 |

아빠, 세상을 가슴에 품고 싶어요

1; 내가 아닌 남을 위한 마음도 가지렴

테레사 수녀
1910~1997

아그네스는 유고슬라비아의 부유한 집안의 막내딸로 태어났어. 부모님은 늘 어려운 사람들을 도왔지. 엄마는 아버지가 갑자기 세상을 떠나 집안 형편이 어려울 때도 이 일을 게을리하지 않았단다. 그럴 때마다 아그네스에게 이렇게 말했지.

"아그네스야, 하나님은 너를 사랑하신단다. 그러니 너도 그 분의 사랑에 보답해야 해. 불쌍한 사람을 도와 주는 일, 그건 하나님의 일을 대신하는 거야."

어머니의 말을 어린 아그네스는 마음 깊이 새겼단다. 그리고 열여덟 살 생일을 며칠 앞두고 수녀가 되기로 결심했어.

아그네스는 수녀원에서 교육을 받고 인도에서 많은 공부를 했지. 그리고 '테레사' 라는 이름을 갖게 되었어.

하지만 테레사는 늘 마음이 답답했어. 가난하고 불쌍한 사람을 돕겠다는 어렸을 때의 마음을 지키지 못하고 있었기 때문이야.

문제는 수녀들의 외부 활동을 금지하고 있는 가톨릭과 수녀원의 규칙이었어. 테레사는 로마 교황청에 수녀들의 외부 활동을 허락해 달라는 청원을 올렸어. 1947년, 교황청에서 허락이 떨어져 테레사는 인도의 가장 가난한 마을을 찾아가 아이들을 모아 글을 가르치고, 인도 시민권을 얻어 인도 사람이 되었지.

그 후 테레사는 교황청의 인정을 받은 '사랑의 선교회'를 세우고, 죽음을 앞둔 사람들이 편안하게 눈을 감을 수 있는 '순교자의 집'도 만들었어. 버림받은 아이들을 위해 '성모 어린이의 집'과 한센병 환자들이 함께 살 수 있는 '평화의 마을'도 만들었고.

1979년 테레사는 그 공로를 인정받아 노벨 평화상을 수상했어. 세상을 떠난 지금도 많은 사람들의 가슴 속에 성녀로 남아 '마더 테레사'로 기억되고 있단다.

'세상 모든 행복은 남을 위한 마음에서 오고, 세상 모든 불행은 이기심에서 온다' 는 말이 있단다.

테레사는 자신보다 남을 위한 마음으로 살았어. 스스로 "저는 하나님의 손에 쥐어진 하나의 몽당연필입니다. 저는 하나님께서 쓰시는 대로 쓰일 따름입니다." 하고 말했지.

너는 얼마나 다른 사람을 생각하는 사람이냐. 배려는 비 오는 날 친구와 우산을 함께 쓰는 일만큼 쉬운 것이란다.

배려하는 마음은 어느 날 갑자기 생기는 것이 아니란다. 지식은 한 번에 습득할 수 있지만 배려는 그렇지 않아. 가슴으로 느껴야 행동이 자연스럽게 나오게 된다.

자연스러워야 계산을 안 하게 되겠지. '내가 이걸 해 주면 저 사람은 내게 무엇을 해 줄까?' '왜 저 사람은 나에게 배려를 해 주지 않을까?' 속상할 일도 없단다.

내 딸아, 사회가 점점 더 각박해져가고 있구나. 물질적이고 눈에 보이는 것만을 중시하지.

사실 눈에 보이지 않는 것들이 우리 삶에 단단한 기초가 되는 것을 사람들이 잊고 사는 것 같아.

다른 사람을 배려하는 마음만큼 다른 사람들이 너를 생각하는 마음도 커질 것이다. 누구든 자신을 위해 주는 사람에게 좋은 마음을 갖게 되니까 말이야.

2; 모두 함께 잘 살고자 하면 지구를 살릴 수 있단다

아니타 로딕
1942~

아니타 로딕은 '바디숍'이라는 작은 화장품 가게를 열었어. 남과 다른 제품을 만들어야겠다는 생각으로 자연 성분으로 화장품을 만들었지.

공장에서 만들어내는 화장품이 아니라 나무에서 나는 자연 화장품 말이야.

아니타는 화장품을 작은 용기에 담아 팔았어. 당시 화장품은 큰 용기에 담겨 있어서 비싸고, 미처 다 쓰지도 않고 버리는 경우가 많았거든. 아니타는 손님이 원하는 만큼 화장품을 덜어 판매하고 용기를 리필해서 판매했단다. 20년 전부터 재활용이나 소비자 맞춤식 판매 전략을 썼다고 할 수 있지.

좋은 제품에다가 싸기까지 하니 아니타의 화장품은 큰 인기를 끌 수밖에 없었어. 가게를 연 지 6개월 만에 바로 2호점을 냈단다. 지금은 전 세계에 매장이 있을 정도로 큰 기업이 되었고.

어느 날, 아니타는 자신이 사 오는 비누가 이민자들을 고용해 월급

을 제대로 주지 않는 공장에서 만들어진 것임을 알게 되었어.

아니타는 비누 공장을 직접 지었단다. 그리고 가난한 사람들에게 일자리를 주고 정당한 월급을 지급했지.

아니타는 물건 팔기에만 급급하지 않았어. '모두 함께 잘 살자'는 생각으로 바디숍을 운영했지. 그리고 환경 보호에도 엄격했어.

"우리가 지구의 한 부분을 쓰고 있으니까 지구에 임대료를 내야 해요."

그리고 바디숍은 다른 기업과 달리 동물 실험을 하지 않는단다. 플라스틱 용기를 대폭 줄이고 삼림 훼손 금지 등 친환경 기업으로 세계적인 기업으로 성장했지.

아니타는 자연 파괴적인 기술 개발과 반인류적인 기업에게 쓴소리를 마다하지 않았어. 인간과 자연의 가치를 존중하며 세상을 좀더 살 만한 곳으로 바꾸는 행복한 일에 앞장서고 있단다.

지구는 우리 모두의 것이라는 것을 너도 잘 알 것이다. 우리 모두가 함께 사는 곳이므로 함부로 취급해서는 안 되겠지.

대부분의 천재지변은 사람들이 지구를 지나치게 험하게 다루었기 때문에 일어나는 경우가 많단다. 지구를 조금만 더 생각한다면 인간과 자연이 잘 어우러져 살 수 있을 텐데 말이다.

한번 오염된 땅이며 물, 공기를 원래대로 되돌리는 데는 아주 오랜 시간이 걸린단다. 한두 세대에서 끝날 일이 아닐 수도 있다.

  지구 온난화와 기상이변 등은 모두 사람들이 만들어낸 재앙이라고 할 수 있지.

  사고를 미리 막기 위해 조심해야 하듯 지구를 안전하게 지켜야 할 의무가 있단다. 너도 알고 있겠지. 지구를 지키는 일이 그리 힘든 일이 아니란 것을 말이다.

  대중교통을 이용하고 분리수거를 하고 세제를 함부로 사용하지 않고 음식을 남기지 않는 것들 말이다. 그러고 보니 집 안에서 지켜야 할 일이 많구나.

  내 딸아, 네가 어른이 되어 결혼을 하면 아마도 집안 살림의 많은 부분을 네가 남편에 앞서 해야 할 것이다.

  모두 함께 건강하게 살 수 있는 지구를 만드는 일 또한 네 손에서 시작될 일이란다.

3. 나눔을 실천하렴

한비야
1958~

한비야는 고등학교를 졸업하고 바로 취직했단다. 아버지가 돌아가시고 동생이 있어서 다시 공부하기가 힘들었거든. 당장 먹고 살 일이 걱정이라 아르바이트를 6개나 하면서 가장 노릇을 해야 했어. 그리고 6년 뒤에 대학에 갔지. 다행히 4년 내내 등록금 걱정없이 다닐 수 있는 학교였단다.

공부를 마친 후에는 좋은 직장에 들어가서 돈도 많이 벌었고, 앞으로도 더 많이 벌 수 있었어.

"이건 내가 바라던 게 아닌데… 내 꿈은 이게 아니야."

한비야는 과감하게 회사를 그만두었어. 그리고 세계 오지 여행에 올랐단다. 한비야는 7년 동안 여행을 하면서 비행기는 거의 이용하지 않고 주로 육로로만 다녔어. 그것도 오지만 찾아서 말이야.

그 때 겪은 일들을 책으로 엮어 한비야는 오지 탐험가로 유명해졌어. 베스트셀러 작가도 되었지. 하지만 이 일도 한비야를 즐겁게 해 주

지는 못했단다. 아프리카의 아이들이 떠올랐기 때문이야.

한비야는 아프리카 난민을 보고 빈민 구호에 관심을 갖게 되었어. 그리고 전 세계에서 3초마다 한 명씩 굶어죽는다는 사실에 충격을 받고 구호 활동을 위해 다시 전 세계를 누비기 시작했어.

"왜 이 일을 하냐고? 내 가슴을 뛰게 하니까."

한비야는 2001년부터 2009년까지 국제 NGO 월드비전의 긴급 구호팀 팀장으로 자연 재해나 전쟁이 일어난 지역에서 긴급 구호 활동을 펼쳤단다.

아빠는 네가 다른 사람의 행복 앞에서도 가슴이 뛰는 사람이었으면 좋겠구나. 가슴이 뛴다는 것은 행복하다는 의미이지.

네 행복을 다른 사람과 함께 나누고 같이 행복할 수 있다면 그보다 더 좋은 일이 어디 있겠니.

너도 그러한 행복을 느끼고 있을 것이다. 바로 지난 주에 아빠 앞으로 온 편지 말이다. 인도에서 너보다 두 살 많은 여자아이가 편지를 보내왔지. 우리가 후원하고 있는 아이란다. 한 달에 한번 비록 적은 돈이지만 나눔을 실천하고 있잖니.

그 아이한테서 편지가 오면 너는 환하게 웃더구나. 아마 멀리 인도에 있는 그 언니도 네 덕분에 환하게 웃고 있을 것이다.

나눔은 나눌수록 커진단다. 나에게는 그리 큰돈이 아닐

수 있지만, 누군가에게는 생명을 구할 수 있는 큰돈이기도 하지.

나눔은 돈으로만 하는 것도 아니란다. 시간도, 노동도, 그리고 재능도 나누어 줄 수 있는 것이란다.

주말에 보육원이나 노인 복지 시설에 가서 아이들을 돌봐 주고 어른들의 말동무를 해 주는 것도 나눔의 한 종류란다.

유태인들은 자선을 아무렇지도 않게 생각한단다. 당연히 해야 하는 일로 어렸을 때부터 배워왔기 때문이지.

몸과 마음이 개운하고 마음 저 깊은 곳에서 행복감이 느껴질 때, 그리고 그것이 일상의 습관이 되었을 때 그것이야말로 진정한 행복의 가치란다.

내면의 충족감을 갖기 위해 내가 아닌 타인을 위해 한 가지 일이라도 꾸준히 하는 게 중요하다. 조건을 바라지 않는 아름다운 행동이 진정한 행복의 가치를 주기 때문이다.

내 딸아, 너는 세상을 이렇게 살아라

초판 1쇄 인쇄 | 2011년 7월 1일
초판 1쇄 발행 | 2011년 7월 10일

지은이 | 필립 체스터필드
편저자 | 조영경
그린이 | 박선미

펴낸이 | 남주현
펴낸곳 | 채운북스(자매사 채운어린이)
주소 | 서울시 마포구 창전동 5-11 3층 (우 121-190)
전화 | 02-3141-4711(편집부) 02-325-4711(마케팅부)
팩스 | 02-3143-4711
전자우편 | chaeun1999@empal.com
디자인 | design86 박성진, 김서형
출력 | 아이앤지 프로세스
종이 | 세종페이퍼
인쇄 | 대원인쇄
제책 | 은정제책

Copyright ⓒ 2011 채운북스
이 책은 저작권법에 따라 보호받는 저작물입니다.
저작권자와 도서출판 채운북스의 허락없이
내용의 전부 또는 일부의 인용이나 발췌를 금합니다.

ISBN 978-89-94608-18-1 (63370)
＊잘못된 책은 구입하신 서점에서 바꾸어 드립니다.